よくわかる
社会福祉施設

教員免許志願者のためのガイドブック

はじめに

　平成9（1997）年、「小学校及び中学校の教諭の普通免許状授与に係る教育職員免許法の特例等に関する法律」が制定されました。これにより、平成10（1998）年度の大学等の入学者から、小学校および中学校の教諭の普通免許状を取得しようとする場合は、社会福祉施設等において障害者、高齢者等に対する介護や介助、交流等の体験が義務づけられました。この法律は、将来の社会を担う児童・生徒を教育する教員志望者が、社会福祉施設における介護等の体験を通じて、個人の尊厳や社会連帯の理念に関する認識を深めることにより、教員としての資質向上を図り、義務教育の充実を期することを目的としています。

　本書では、学生にとってなじみが薄い社会福祉施設の概要について、実際の施設の経営者たちが、現場の視点から、高齢者、児童福祉・障害児、障害者、生活保護の施設と、分野別、施設別に、具体的にわかりやすく解説しています。なお、障害者総合支援法の施行や児童福祉法の改正、介護保険法の改正等をふまえて適宜改訂し、今般、第6版を刊行することといたしました。

　本書を通じてあらかじめ各施設の概要や利用者の特性等を理解しておくことは、介護等体験が単なる形式的なものに終わるのではなく、教員としてはもちろん、社会人として仕事する時にも、意味あるものとなることでしょう。また、社会福祉施設は生活の場であり、特に入所施設は24時間支援が行われている場ですから、本書の注意事項等をふまえて、利用者のプライバシー保護、受け入れ施設に対する礼儀など基本的なマナーを守りながら、施設で生活する高齢者や障害者、乳幼児たち、施設で働く職員たちと積極的な交流を図っていただきたいと考えます。

　本書が、地域福祉の拠点として不可欠な存在となっている社会福祉施設に対する理解を深める一助となり、教員免許志願者の介護等体験を有意義なものとし、わが国の福祉と教育の一層の発展につながることを期待しています。

　令和6（2024）年6月

執筆者代表　増田雅暢（東京通信大学名誉教授）

目次

はじめに 3

介護等体験受け入れ施設からの応援メッセージ 6

I 社会福祉施設ってどんなところ？ ────────────── 7

1 社会福祉施設って何？ 8

2 社会福祉施設にはどのようなものがあるの？ 9

3 社会福祉施設・事業所の現状や働く人々はどうなっているの？ 11

4 社会福祉施設の利用手続きや経営はどうなっているの？ 13

5 社会福祉施設を取り巻く課題は何だろう？ 15

6 体験を生かすために 17

1 高齢者にかかわる施設 ──────────────────── 19

❶ 特別養護老人ホーム（介護老人福祉施設） 20

❷ 養護老人ホーム 22

❸ 老人デイサービスセンター（通所介護事業所） 24

❹ 介護老人保健施設 26

福祉現場で働く人を紹介！―地域密着型特別養護老人ホーム― 28

用語アドバイス❶

【介護保険制度】【地域包括ケアシステム】【高齢者虐待防止法】 30

2 児童福祉・障害児にかかわる施設 ─────────────── 31

❶ 児童養護施設 32

❷ 乳児院 34

❸ 母子生活支援施設 36

❹ 障害児入所施設 38

❺ 障害児通所施設 40

❻ 児童自立支援施設 42

福祉現場で働く人を紹介！―児童養護施設― 44

福祉現場で働く人を紹介！―障害児入所施設― 46

用語アドバイス②
【こども家庭庁】【児童虐待防止法・DV 防止法】【児童相談所】 ……………… 48

3 障害者（身体・知的・精神障害者）にかかわる施設 …………………………… 49

　❶ 療養介護事業所 ……………………………………………………………… 50
　❷ 生活介護事業所 ……………………………………………………………… 52
　❸ 自立訓練事業所（機能訓練、生活訓練） ………………………………… 54
　❹ 就労移行支援事業所 ………………………………………………………… 56
　❺ 就労継続支援事業所（A型、B型） ……………………………………… 58
　❻ 地域活動支援センター ……………………………………………………… 60
　福祉現場で働く人を紹介！—障害者支援施設— ………………………… 62

用語アドバイス③
【障害者基本法】【障害者虐待防止法】【障害者差別解消法】 ……………… 64

4 生活保護にかかわる施設 …………………………………………………………… 65

　❶ 救護施設 ……………………………………………………………………… 66
　福祉現場で働く人を紹介！—救護施設— ………………………………… 68

用語アドバイス④
【生活保護制度】【福祉事務所】 ……………………………………………… 70

Ⅱ 介護等体験にあたってのQ&A ————————————————— 72

（Q1～Q20）

Ⅲ 資料 ——————————————————————————————— 81

義務教育教員志願者に対する介護等体験の義務づけに関する制度の概要 …… 82
社会福祉施設で働く人々 ……………………………………………………… 84
介護等体験を行うことができる施設一覧 ………………………………… 85
主な介護等体験受け入れ施設の概要 ……………………………………… 86
都道府県・指定都市社会福祉協議会一覧 ………………………………… 88

高齢者に
かかわる施設より

皆さんが行う介護等体験は、介護の専門職に就くための"実習"ではありませんから、技能を習得しようとする必要はありません。むしろ皆さんには、介護等体験をとおして、高齢者と語り合い、ふれあってほしいと思います。誰もが老いる必然性と、さまざまなかたちの支援を必要とする可能性があること、だからこそ人と人が支えあうことが大切であること、それを体感的に理解していただければと思います。また、高齢者施設で働く介護職員の活躍している姿を知っていただけると幸いです。

児童福祉・障害児に
かかわる施設より

児童福祉施設での介護等体験は、皆さんにとって緊張や不安に感じるでしょう。しかし、そこで出会う子どもたちとの日々は、今後の皆さんに力を与えてくれるものと思います。特別なことをする必要はなく、子どもたちの生活で会話を楽しむ、一緒に遊ぶ・体験する、そんな日常を知ることが児童福祉施設の意義や役割について学ぶ機会となりますし、新しい自分を発見できる機会にもなるでしょう。
また、児童福祉施設で働く職員の姿や子どもたちとの交流を通し、児童福祉施設への正しい理解と魅力を感じてもらえたら幸いです。

介護等体験受け入れ施設からの
応援メッセージ
Support Message

皆さんは、障害者施設にどのようなイメージをもっていますか?今回この介護等体験をとおして、障害のある人たちが社会のなかでどのように暮らしているか、そしてその暮らしを支える施設、そこでどのような人たちが働いているかを知っていただく機会となると思います。また、受け入れ施設にとっては、この介護等体験は障害者施設を理解してもらえる大変よい機会だと考えています。皆さんがスムーズに介護等体験できるよう準備をしていきますので、今回の介護等体験をとおして障害者施設を理解していただき、体験後も身近な存在に感じていただければ幸いです。

障害者(身体・知的・精神障害者)に
かかわる施設より

救護施設は、歴史のある重要な社会資源のひとつであると私たちは自負していますが、必ずしも広く社会にその役割が理解されているわけではありません。むしろ、あまり知られていないのではないでしょうか。だからこそ、救護施設での体験を選ばれた皆さんには、見たこと、聞いたこと、感じたことを教師という立場で次世代の人たちに伝えていただければと思います。皆さんの今後のご活躍を心から期待しております。

生活保護に
かかわる施設より

I

社会福祉施設って
どんなところ?

1　社会福祉施設って何？

　「社会福祉施設」という言葉を聞くと、どのような施設を思い浮かべるでしょうか。小学校入学前に通ったことのある保育所、それとも祖父母や親戚の高齢者が生活する特別養護老人ホーム、あるいはボランティア学習で訪問した障害者関係の施設でしょうか。本書を読む前に、どのくらいの種類の施設名をあげることができるか思い浮かべてみましょう。それも、すでに「研修」の一環です。

　さて、わが国における社会保障関係の法制度の根拠となる憲法の規定としては、第25条が最も有名です。そこには、「①すべて国民は、健康で文化的な最低限度の生活を営む権利を有する。②国は、すべての生活部面について、社会福祉、社会保障及び公衆衛生の向上及び増進に努めなければならない」とあります。国民の基本的人権のうちで社会権の代表である生存権を保障した条文として、憲法中大変よく知られている規定です。ここに「社会福祉」という言葉がでてきます。

　社会福祉とはどのようなものでしょうか。『広辞苑』（第7版、岩波書店）では、「社会福祉」とは「国民の生存権を保障するため、貧困者や保護を必要とする児童・母子家庭・高齢者・身体障害者など社会的障害を持つ人々の援護・育成・更生を図ろうとする公私の社会的努力を組織的に行うこと」とあります。こうした見方が一般的ですが、社会福祉の対象者を社会のなかの一部の弱者として限定的にしかとらえられていないともいえます。

　しかし、現代では社会福祉の対象者は拡大しています。単独世帯の増加等の家族構造の変化や、急速な高齢化・長寿化の進展、疾病構造の変化、非正規労働者の増加や不況等の経済的環境の変化など、現代社会のさまざまな変化のなかで、いまや誰もが社会福祉の施策を必要とする可能性が高くなっています。

　例えば、女性の就業の拡大等にともない、保育所を利用する子どもたちは極めて多く、最近では就学前児童の約5割以上は保育所や認定こども園に通っています。共働き世帯では保育所等の利用は不可欠となっています。また、高齢期になると誰でも通所介護事業所や特別養護老人ホーム等の社会福祉施設から介護サービスを受ける可能性が高く、そのニーズが高まっています。

　また、社会福祉の目的も、「援護・育成・更生」に加えて、福祉サービスを利用することによってより主体的に生活を送ることができるようにする「自立支援」や「生活の質の向上」という概念も加わっています。そこで、本書では、社会福祉を、広辞苑の定義も念頭におきつつ、それに加えて、「誰でも安心して安定した生活を送ることができるように、各種法制度に基づき社会的に生活を支援し、自立を助長する仕組みのことである」とし、こうした各種支援サービスを提供する施設が社会福祉施設であると定義します。

2　社会福祉施設にはどのようなものがあるの？

　具体的にみると、老人福祉法や児童福祉法等の社会福祉各法に規定されている施設や、社会福祉法（昭和26（1951）年に社会福祉事業法が制定され、平成12〈2000〉年に全面改正されて社会福祉法と改称）によって社会福祉事業と定義されている事業を行うための施設が中心です。社会福祉法は、社会福祉事業の基本法に位置づけられています。なお、今回の体験施設には、社会福祉施設ではなく医療施設として位置づけられている介護老人保健施設も加わっています。

　ここで、社会福祉施設の分類方法を説明しましょう。

　まず、施設の法的根拠による分類があります。生活保護法による保護施設、老人福祉法による老人福祉施設、介護保険法による介護保険施設・事業所、障害者総合支援法による障害者支援施設や障害福祉サービス事業所および相談支援事業所、身体障害者福祉法による身体障害者社会参加支援施設、児童福祉法による児童福祉施設、母子及び父子並びに寡婦福祉法による母子・父子福祉施設といった分類があります。例えば、保育所は児童福祉法に基づく児童福祉施設に区分されます。なお、今回の体験施設の対象については、「Ⅲ　資料」（85ページ）をご覧ください。

　利用者の利用形態による分類もあります。入所施設、通所施設および利用施設というものです。入所施設とは、利用者が入所して生活の本拠として1日（24時間）の生活を送る施設で、特別養護老人ホームはその典型例です。通所施設とは、老人デイサービスセンターのように、特定の利用者が通所して1日のうち一定時間を過ごす施設です。利用施設とは、老人福祉センターや児童館のように、誰でも（この場合は高齢者や児童が）自由に利用できる施設をいいます。

　また、施設利用にあたって、行政機関の関与の違いによって、措置施設とそれ以外の利用契約施設に分類することもできます。措置施設とは、利用者が施設と契約を結ぶことで利用できるものではなく、市町村等の行政機関が行政行為として、法律に定められた要件に該当する者の施設への入所・通所を決定（「措置」といいます）することで、この入所等の事務の委託（「措置委託」といいます）を市町村等から受ける施設です（この一連の仕組みを「措置制度」といいます）。委託施設に対しては、入所者等への介護・支援や施設職員の人件費等の必要経費を勘案して、行政機関から措置費が支払われます。

　社会福祉各法に基づく入所・通所施設は、1990年代頃まではほとんどが措置施設でしたが、後述するように、介護保険法や障害者自立支援法（現 障害者総合支援法）の制定等により、老人福祉関係や障害者福祉関係など多くの施設が利用契約施設となりました。

　さらに、社会福祉施設は、設置者の相違によって、公立施設と私立施設に分類することもでき

ます。公立施設とは国や都道府県、市町村が設置するものであり、私立施設とは社会福祉法人等の民間法人が設置するものです。社会福祉法人とは、社会福祉事業を行うことを目的とする法人で、社会福祉法に基づき都道府県知事等の認可を得て設立される非営利の公共性が高い法人です。なお、昨今、公立施設の運営について、地方自治体が社会福祉法人等に委託するという公設民営方式の施設も多くなっています。そのため、設置主体よりも運営主体に着目して、公営施設と民営施設などと分類することもあります。

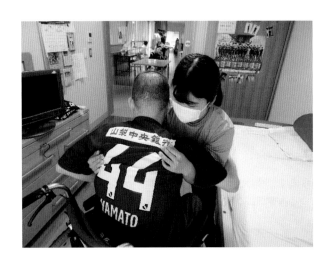

3 社会福祉施設・事業所の現状や働く人々はどうなっているの？

　社会福祉に対するニーズの高まりや福祉施策の充実等から、社会福祉施設・事業所[*1]の数は年々増加しています。その数は、厚生労働省が毎年実施している各調査（「社会福祉施設等調査」および「介護サービス施設・事業所調査」[*2]により調べることができます。

　ここで、分野ごとの現状を説明します。

　高齢者にかかわる施設には、老人福祉法や介護保険法による施設・事業所などがあります。また、歴史的にみると、福祉系・医療系の施設に大別されます。福祉系施設には、介護老人福祉施設（特別養護老人ホーム）、養護老人ホーム、軽費老人ホームなどの入所施設と、通所介護（老人デイサービスセンター）などの通所施設があり、医療系施設としては、介護老人保健施設や介護医療院などがあります。どちらの施設も、長い間、相部屋の居室、大規模な集団生活など、生活の場としては決して快適とはいえないものが多かったのですが、最近ではサービスの質の向上と施設での居住環境が重視され、居室の個室化や生活単位の小規模化を目的とした「ユニットケア」が推奨されています。高齢化の進行や介護保険制度の実施により、施設・事業所数の増加も著しくなっており、令和4（2022）年10月1日時点で、介護老人福祉施設（特別養護老人ホーム）が8,494施設、通所介護（老人デイサービスセンター）が2万4,569施設などとなっています。介護老人福祉施設の定員数は約59万人、働く人々（従事者数）は約49万人です。なお、介護老人福祉施設の利用率は9割を超えています。

　児童福祉・障害児にかかわる施設には、児童福祉法による児童福祉施設や障害児通所支援等事業などがあります。施設の法的根拠による分類別にみると、令和4（2022）年10月1日時点で、児童福祉施設は4万6,997か所、定員数は約314万人、在所者数は約279万人、働く人々（従事者数）は約88万人です。児童福祉施設のなかでも、共働き世帯の増加や少子化対策として保育所等（幼保連携型認定こども園および保育所型認定こども園を含む）の増設が進み、施設数・定員数・在所者数が最も多く、施設数は3万358か所、定員数は約294万人、在所者数は260万人です。障害児通所支援等事業では、事業所数は4万2,366か所、利用実人員は約82万人、働く人々（従事者数）は約18万人です。そのなかでも放課後等デイサービス事業の利用実人員は約50万人と最も多くなっています。

　障害者にかかわる施設には、障害者総合支援法による障害者支援施設や、身体障害者福祉法による身体障害者社会参加支援施設があります。自立支援給付のサービス内容は、居宅サービスとしては居宅介護、重度訪問介護、同行援護、行動援護、重度障害者等包括支援、そして施設サービス（昼間）としては生活介護、療養介護、短期入所、そして施設サービス（夜間）としての施設入所支援（障害者支援施設の夜間ケア）となっています。訓練等給付のサービス内

容は、施設サービス（昼間）としては自立訓練（機能訓練・生活訓練）、就労移行支援、就労継続支援（A型＝雇用型・B型＝非雇用型）、就労定着支援、自立生活援助そして施設サービス（夜間）としては共同生活援助となっています。また、地域生活支援事業の主なサービス内容は、居宅サービスとして意思疎通支援、移動支援、そして施設サービス（昼間）としては日中一時支援事業や地域活動支援センター、施設サービス（夜間）として福祉ホーム、相談支援事業として、計画相談支援、地域移行支援、地域定着支援となっています。令和4（2022）年10月1日時点で、障害者支援施設等の施設数は5,498か所、定員数は約19万人、在所者数は約15万人、従事者数は約11万人です。また、障害福祉サービス等事業所数は13万5,017か所、利用実人員は約170万人、従事者数は約59万人です。

　生活保護にかかわる施設（以下、保護施設）は、令和4（2022）年10月1日時点で、施設数は290か所、定員数は約2万人、在所者数は約2万人、従事者数は約6,000人です。

　なお、社会福祉施設の入所や通所、利用の対象者は、各施設の設置根拠となっている法律等によって定められています。例えば、特別養護老人ホームの入所者は「65歳以上の者であって、身体上又は精神上著しい障害があるために常時の介護を必要とし、かつ、居宅においてこれを受けることが困難なもの」（老人福祉法）とされています。

　これらの社会福祉施設では、実にさまざまな職種の人たちが働いています。施設長、生活相談員（社会福祉士を含む）、保育士、介護職員（介護福祉士を含む）、介護支援専門員（ケアマネジャー）、医師、看護師、理学療法士、作業療法士、栄養士、調理員、事務職員等です。こうした職種の人たちがどのくらい職場に必要かということは、各施設の利用者の特性や機能等をふまえて、法律等に基づき、各施設の職員配置基準が設定されています。なお、公立公営の施設の場合、その施設の職員は一般に公務員でもあります。

＊1　入所している利用者への支援等を行う「施設」と、通所による利用者への施設等を行う「事業所」に分けられます。
＊2　「社会福祉施設等調査」および「介護サービス施設・事業所調査」を参考に数値を示しています。諸条件については各資料をご覧ください。また、一部数値は9月時点の数値です。

4　社会福祉施設の利用手続きや経営はどうなっているの？

　社会福祉施設の利用手続きは、1990年代までは措置制度に基づき行うことが一般的でした。しかし、現在では、措置施設以外に、保育所のように市町村に申し込むことによる利用、介護老人福祉施設（特別養護老人ホーム）等の介護保険施設（介護老人福祉施設以外に介護老人保健施設と介護医療院が該当します）のように社会保険制度を活用した利用、障害者福祉分野では障害者総合支援制度による利用と、手続きが分かれてきました。ここでは、措置制度と介護保険制度および障害者総合支援制度による利用手続きについて、簡単に説明します。

　措置制度の場合には、利用者は措置権者である市町村等による入所等の決定を経て、施設入所等が可能となります。利用者は、各制度で設定されている費用徴収制度に基づき、所得の多寡に応じた利用者負担額を市町村に納めます。施設の選択は利用者ではなく、措置権者が行います。現在では措置施設の種類は少なくなり、生活保護法による救護施設等の保護施設や、老人福祉法による養護老人ホーム等が該当します。

　介護保険制度の場合には、利用者は、自ら介護保険施設を選択して、施設と利用契約をしたうえで入所します。ただし、あらかじめ保険者である市町村の要介護認定を受ける必要があります。また、施設入所ではなく在宅でサービスを受けるという選択もできます。利用料は、介護費用の定率負担（1割、一定の所得以上の人は2割、平成30（2018）年8月より一部の人は3割）と、食費・居住費相当部分です（**図1**参照）。

　障害者総合支援法によるサービス利用の場合には、利用者は市町村に対して介護給付費等の自立支援給付の支給申請を行い、市町村の支給決定を受けて、都道府県知事等の指定を受けた施設を選択し、契約をしたうえで入所します（**図2**参照）。利用料は所得の多寡に応じた負担（応能負担）と食費・光熱水費ですが、負担の軽減策が講じられています。

　社会福祉施設の運営主体は、公営では市町村、私営では社会福祉法人が中心となっています。社会福祉施設というと公営施設が多い印象があるかも知れませんが、全体の約8割は私営です。保育所の約7割、特別養護老人ホームの約9割が私営であり、そのほとんどが社会福祉法人による経営です。また、介護保険制度の通所介護事業所は、約5割が営利法人（会社）となっています。

　社会福祉施設の経営は非営利が原則です。施設職員の人件費や入所者への介護・支援に係る経費等、施設の運営に要する費用は、一部、利用料が入る場合がありますが、ほとんど公費（国や地方自治体の負担）で賄われています。民間施設に対する措置費や運営費等の公的補助の負担割合は、国が2分の1、都道府県と市町村が各4分の1という場合が一般的です。一方、介護保険制度の保険給付費の財源は保険料と公費が各2分の1となっています。特別養護老人

ホーム等の介護保険施設の場合、施設収入は入所者の要介護度別に設定された介護報酬と利用料が中心となります。施設整備費についても、社会福祉施設の公共性等に鑑み公的補助制度が設けられています。また、社会福祉施設の設備や人員配置などの運営に関する基準は、施設の設置根拠となる法律に基づき厚生労働省令や通知等で定められており、施設設置者はこれらを遵守する義務があります。

図1　介護保険制度の場合（介護保険施設）

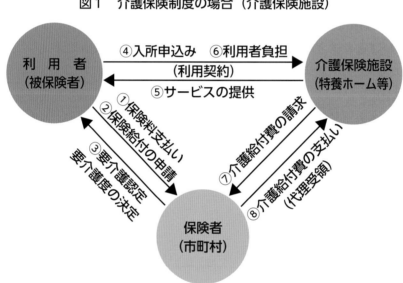

図2　障害者総合支援法によるサービス利用の場合（障害者福祉施設）

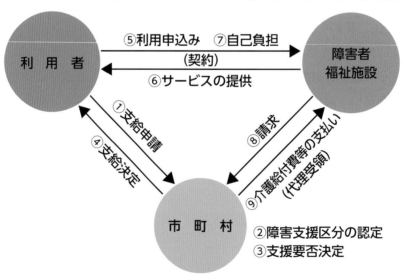

5　社会福祉施設を取り巻く課題は何だろう？

　1990年代後半に、社会福祉施設や社会福祉事業、社会福祉法人等、わが国の社会福祉の世界は「大変革期」を迎えました。

　第一に、介護保険制度の実施があります。

　介護保険制度は平成9（1997）年に介護保険法が制定され、平成12（2000）年4月から実施されています。人口高齢化の進行にともなう要介護者の増大や介護リスクの一般化に対応するために、老人福祉制度や老人医療分野の介護制度を再編成して、「介護の社会化」「利用者本位の総合的サービス利用」「社会保険方式の導入」等をねらいとして創設されました。

　この介護保険制度は、それまでの老人福祉制度を一変させました。最も大きな変化は、前述のとおり、サービス利用手続きについて、措置制度から利用契約制度へと変更したことです。これにより、利用者は、サービス事業者や施設を選択できるようになりました。また、施設運営費も、措置費という公費財源から、介護報酬による社会保険財源に切り替わりました。さらに、要介護認定や、介護支援専門員（ケアマネジャー）によるケアプラン作成等のケアマネジメントの導入、在宅サービスにおける株式会社等の民間企業の参画等、それまでの社会福祉制度にはないさまざまな仕組みが導入されました。

　現在、要支援・要介護認定者は約707万人（令和6〈2024〉年1月末）となり、高齢期に介護が必要な状態となった場合には不可欠な制度となっています。介護サービス利用者の増加にともない、施設・事業者数や介護費用も増大しています。持続可能な制度となるよう、財源の確保や保険給付の適正化、介護職員の確保等が課題とされています。さらに高齢者が住み慣れた地域において、医療、介護、介護予防、生活支援、住まい等のサービスを、継続的かつ一体的に提供される「地域包括ケアシステムの構築」も課題となっています。

　第二に、障害者福祉分野でも改革が続きました。

　平成15（2003）年度から、従来の措置制度に代えて利用契約制度である支援費制度が導入されました。これは介護保険制度による「措置から契約へ」という動きに続くものでした。平成17（2005）年には障害者自立支援法が制定され、身体障害者、知的障害者、精神障害者に対するサービスが一元化されました。同法は平成24（2012）年に障害者総合支援法（障害者の日常生活及び社会生活を総合的に支援するための法律）に改正され、平成25（2013）年4月から施行されています。それまでの措置制度では、障害者福祉サービスは、施設サービスと在宅サービスに区分されていました。障害者自立支援法制定以降では、障害者福祉サービスは、相談支援のサービス、居宅における生活支援サービス（ホームヘルプ、ショートステイ等）、夜間の居住支援サービス（施設入所、グループホーム等）、日中活動を支援するサービス（生

活介護、自立訓練、就労移行支援、就労継続支援等）、医療を提供するサービス（自立支援医療等）などに再編成されています。

　第三に、児童福祉分野における変化があります。

　少子化の進行や、消費税率の引き上げにともなう社会保障の強化の一環として、平成24（2012）年8月、子ども・子育て支援法が制定されました。これにより、平成27（2015）年度から、市町村において子ども・子育て支援新制度が実施されています。具体的には、幼稚園と保育所の双方の機能をあわせもつ認定こども園の普及や、保育所入所待機児童解消のための保育サービス量の増大、放課後児童クラブの増設、地域の子育て支援の充実などです。

　第四に、利用者本位、自立支援のためのサービス提供という考え方が一般的になったことです。平成12（2000）年に社会福祉基礎構造改革として、社会福祉事業法が約半世紀ぶりに改正され、社会福祉法が制定されました。利用者の立場に立った社会福祉制度の構築、サービスの質の向上、社会福祉事業の充実・活性化等が改正のねらいでした。社会福祉法では、福祉サービスの基本理念として「個人の尊厳の保持」が明記され、利用者保護の観点から、福祉サービスの利用援助や苦情解決、サービスの質の第三者評価など、新たな仕組みが導入されました。

　第五に、「措置から契約へ」の変化にあわせ、社会福祉施設の運営にあたっては、利用者や地域のニーズに的確に応えたり、収支のバランスを図る「施設経営」という視点が重要になっています。また、介護保険制度の創設や規制改革の一環として、保育所や高齢者福祉、障害者福祉の分野に、従来の社会福祉法人に加えて、民間企業やNPO法人（特定非営利活動法人）等、多様な事業者が参入できるようになり、福祉事業が産業分野の一つとして認識されるようにもなりました。

　福祉分野で働く人々が増加し、福祉の仕事は特別のものではなくなりました。総務省統計局「労働力調査結果」（令和4〈2022〉年度）によると、約460万人が福祉の分野で働いています。福祉分野で働く人々は、私たちの家庭や社会生活を支えるために不可欠な存在になっています。社会福祉分野ではこれからも多くの人材が必要なことから、福祉人材の養成・確保、従事者の給与・労働条件等の処遇の改善・充実が重要課題となっています。

　これらの変化は、国民生活のなかで大きなウエイトを占めつつある社会福祉事業を、少子高齢化や経済社会の動きをふまえながら、未来に向けてさらに拡充していくための取り組みともいえます。社会福祉法人や社会福祉施設はこうした動きに的確に対応し、福祉サービスの利用者の期待に応える事業を展開していく必要があるのです。

6　体験を生かすために

　今回の介護等の体験において、介護が必要な高齢者や身体・知的・精神障害のある人たち、あるいは困難を抱えて生活をしている人たちなど、いろいろな方々とふれあうことになるでしょう。こうしたふれあいを通じて、「人の心」を理解する豊かな感性を養うとともに、社会福祉施設の実情、利用者の姿や処遇の状況、従事者の日々の勤務実態、施設経営のあり方等、さまざまな点を感得して、将来の教育に生かしていくことが大切です。また、施設職員の方々が要介護高齢者や障害のある人たちにどのように接し、どのようなケアを行っているのかということを知ることは、将来教育現場で子どもたちと接する時の参考になることでしょう。

　今後の日本の教育に携わる方々が一人でも多く、社会福祉の重要性を認識し、わが国の社会福祉を支えている社会福祉施設やそこで働く人々、利用する人々に対する理解と共感を深めていただき、機会があれば施設運営や利用者・従事者等を支援する力となることを期待します。

1

高齢者に
かかわる施設

　高齢者の施設は、戦前の救護法に基づく「養老院」、戦後の生活保護法に基づく「養老施設」を経て、昭和38（1963）年の老人福祉法の制定によって今日の制度の骨格が形成され、特別養護老人ホームなどが創設されました。「養老院」「養老施設」と呼ばれていた頃は、身寄りがなく社会的な保護を必要とする高齢者のための施設でしたが、次第に心身の機能低下にともない介護を必要とする人々が多く生活するようになりました。このような利用者の変化によって、介護機能が強化され、現在では介護保険法を中心に、制度の整備・強化が図られています。近年では、認知症高齢者グループホームや有料老人ホーム、サービス付き高齢者向け住宅、さらには、医療と福祉をつなぐ施設として、介護老人保健施設や介護医療院が制度化されています。

　高齢化がさらに進展し、「団塊の世代」（第1次ベビーブーム世代）が75歳以上となる2025年の日本では、およそ5.7人に1人が75歳以上の高齢者となると推計されています。そのような超高齢社会のなかで、高齢者が要介護状態になっても、できるだけ住み慣れた地域で暮らせるように「地域包括ケアシステム」の構築が重要となっています。

① 特別養護老人ホーム
（介護老人福祉施設）

どんな施設なの？

　特別養護老人ホームは、昭和38（1963）年の老人福祉法制定により発足しました。令和4（2022）年10月1日現在、全国に8,494か所、およそ59万人が生活しています。その設置主体の約95％は社会福祉法人で、公立施設は多くありません。

　平成12（2000）年に介護保険法が施行され、老人福祉法上の特別養護老人ホームは、同時に介護保険法上の介護老人福祉施設となりました。つまり、1つの施設が2つの法律により、別々の名称で呼ばれています。

　施設を利用するには、市町村による要介護認定を受けたうえで、施設に対して入所の申込みをすることになります。利用者やその家族が申込みをすることが困難な状態にある時には、例外的に市町村が職権により入所の措置を行うこともあります。

　利用に要する費用のうち、原則として介護費用の9割は介護保険により給付され、利用者は介護費用の1割と、保険外の食費、居住費（光熱水費や家賃という趣旨）、その他の日常生活費（理美容料など）を負担しますが、一定の要件に該当する低所得者は、これらの自己負担の一部についても減免されます[1]。

[1]　利用者負担は一定の所得以上の者は2割、平成30（2018）年8月より一部の者は3割を負担。

どんな人が利用しているの？

　利用者は原則として65歳以上であって、保険者（市町村）が行う要介護認定審査により、介護が必要な状態（基準上、要介護1〜5の5段階があります）にあると認定を受けた人とされています。

特別養護老人ホーム（介護老人福祉施設）の **1日**（一例）

5:00	6:00	7:00	8:00	9:00	10:00	11:00	12:00	13:00
▶ 起床 ▶ 検温		▶ 洗面 ▶ 身だしなみ ▶ 朝食 ▶ 服薬 ▶ うがい			▶ お茶 ▶ 着替え ▶ クラブ活動 ▶ 機能訓練		▶ 昼食 ▶ 服薬 ▶ 歯磨き	

特に認知症により介護が必要な利用者が増えています。また、認知症を含めて、法令で定められたいくつかの特定の疾病が原因により介護が必要となった場合には、65歳未満であっても利用することができます。なお、平成27（2015）年４月から、新規入所者は原則として要介護３以上となっています。

どんな人が働いているの？

職員は施設の管理者である施設長、介護職員、看護職員をはじめ、介護支援専門員、栄養士、生活相談員等から構成されます。医師も配置されていますが、多くの場合は非常勤（嘱託医）です。

施設の職員配置基準は入所定員100人の場合、施設長のほか、介護・看護職員は利用者３人につき１人以上（そのうち看護職員が３人以上）、介護支援専門員１人以上（他の職種との兼務可）、栄養士１人以上、機能訓練指導員１人以上（他の職種との兼務可）、生活相談員１人以上、その他若干の職員（事務職員、調理員等）となっています。なお、これらの職員の一部は、非常勤職員の常勤換算（例えば、常勤職員が40時間／週の勤務のところ、ある非常勤職員が20時間／週の勤務をする場合、その非常勤職員は0.5人とみなされます）によることができます。

どんな仕事が行われているの？

利用者の要介護状態にあわせて、食事、入浴、排せつをはじめとする日常生活全般の介護を行うとともに、レクリエーションや行事、機能回復訓練等のサービスが提供されています。

また、短期入所生活介護事業所（ショートステイ）、通所介護事業所（デイサービス）、訪問介護事業所（ホームヘルパー）、居宅介護支援事業所（ケアプランの作成）等の在宅の高齢者向けの事業をあわせて行う施設が多くなっています。したがって今日の特別養護老人ホームは入所施設としての機能を中核としつつ、地域の高齢者介護の総合拠点としての性格を強めています。

14:00	15:00	16:00	17:00	18:00	19:00	20:00	21:00	22:00
▶ 入浴 ▶ お茶		▶ レクリエーション ▶ 棒体操（月～金） ▶ 機能訓練		▶ 夕食 ▶ 服薬 ▶ 歯磨き			▶ 就寝	

② 養護老人ホーム

どんな施設なの？

戦前の「養老院」、戦後の「養老施設」の流れをくむ施設で、昭和38 (1963) 年の老人福祉法の制定により、養護老人ホームとなりました。

令和4 (2022) 年10月1日現在、全国に932か所、定員6万1,518人分の施設がありますが、昭和50年代以降ほぼ横ばいの状態です。これは、その頃から在宅福祉サービスが徐々に整いはじめ、「施設入所は在宅での対応が困難になった時」という考え方が定着してきたことと、より重度の介護を要する者のための特別養護老人ホームの整備に重点化してきたためです。

入所については利用者または家族が市町村に申請し、市町村が入所の要否を判定したうえで、市町村から施設に対して入所の委託が行われます。この仕組みを措置制度といいます。

運営費のほとんどは、都道府県および市町村の公費によって賄われますが、利用者やその扶養義務者は、所得の多寡に応じた利用者負担額を市町村へ納めなければなりません。

どんな人が利用しているの？

利用者は原則として65歳以上であって、生活保護世帯等の低所得世帯に属し、環境上の理由により居宅において養護を受けることが困難な人です。環境上の理由とは例えば、住居を確保できないことや、家庭内での虐待から家族と同居できないことなどがあります。

また、介護保険施設ではありませんが、実際には介護を必要とする人が少なからず入所しています。平成17 (2005) 年の介護保険法の改正によって、法律上、養護老人ホームは外部サービス利用型特定施設として位置づけられました。この指定を受けた場合、利用者は在宅の要介護高齢者と同

養護老人ホームの
1日 (一例)

5:00	6:00	7:00	8:00	9:00	10:00	11:00	12:00	13:00
▶ 起床 ▶ 洗面	▶ 清掃 ▶ 洗濯 ▶ 朝食 ▶ 歯磨き ▶ 服薬			▶ 散歩 ▶ 棒体操 ▶ 通院 ▶ 外出 ▶ 自由時間 ▶ クラブ活動			▶ 昼食 ▶ 服薬	

様に、施設において、ホームヘルパー（訪問介護）やデイサービス（通所介護）等の介護保険サービスを利用することができます。

どんな人が働いているの？

　職員は施設の管理者である施設長のほか、生活相談員、支援員、看護職員、栄養士、調理員、事務員等から構成されます。医師も配置されていますが、多くの場合は非常勤（嘱託医）です。

　職員配置基準は、生活相談員が入所者30人に対して１人以上、看護職員は入所者100人に対して１人以上、支援員は入所者15人に対して１人以上、栄養士１人以上、その他若干の職員（事務員、調理員等）となっています。

どんな仕事が行われているの？

　日常の援助としては、食事、入浴の提供や洗濯、清掃などの家事的援助のほか、各種の行事やクラブ活動、レクリエーション活動、日常生活動作訓練などが行われています。

　利用者のなかには、精神疾患の病歴を有する人、アルコールの依存傾向にある人、さまざまな事情から家族関係の破綻した人なども少なくないので、心理・精神面での援助も重要となっています。

14:00	15:00	16:00	17:00	18:00	19:00	20:00	21:00	22:00
▷ 介助浴（平日） ▷ クラブ活動 ▷ 一般入浴 ▷ リハビリ訓練 ▷ お茶 ▷ 特浴（水・土）				▷ 夕食 ▷ 歯磨き ▷ 服薬	▷ 入浴 ▷ テレビ鑑賞		▷ 就寝	

③ 老人デイサービスセンター
（通所介護事業所）

どんな施設なの？

　平成2（1990）年の老人福祉法の改正によって、法律上、老人福祉施設として位置づけられましたが、事業の実態としては、昭和50年代から特別養護老人ホームなどの入所施設の付帯事業として運営されてきました。その後、平成12（2000）年の介護保険法の施行にともない、「通所介護事業所」という介護保険上の事業所に位置づけられました。一般的には、老人デイサービスセンターと呼ばれています。現在では、介護予防・地域密着型サービスの通所介護事業所も設けられています。

　歴史的経緯から、かつては特別養護老人ホーム等に併設されているものが多かったのですが、現在では単独型のものも多くなっています。

　令和4（2022）年10月1日現在、全国に2万4,569か所の事業所（介護予防・地域密着型サービスは含まない）があります。

　原則として介護費用の9割は介護保険により給付され、利用者は介護費用の1割と、保険外の食費等の費用を負担します[*1]。

*1　利用者負担は一定の所得以上の者は2割、平成30（2018）年8月より一部の者は3割を負担。

どんな人が利用しているの？

　利用者は、保険者（市町村）が行う要介護認定審査により、介護が必要な状態（基準上、要介護1〜5の5段階があります）にあると認定を受けた人とされています。居宅介護支援事業所の介護支援専門員（利用者の状態や希望に応じて、利用する介護サービスを計画する専門職、ケアマネ

老人デイサービスセンター
（通所介護事業所）の
1日（一例）

5:00	6:00	7:00	8:00	9:00	10:00	11:00	12:00	13:00
				▶到着	▶健康チェック ▶お茶 ▶（入浴） ▶機能訓練（レク）		▶昼食	▶入浴

ジャー）が作成する居宅サービス計画に基づいて利用することが一般的です。

　また、「介護予防通所介護事業所」の指定をあわせて受けている施設では、要支援１または２の状態（介護を必要とする状態となるおそれのある状態）にあると認定された人も利用しています。

どんな人が働いているの？

　生活相談員、介護職員、看護職員、機能訓練指導員等の職員が配置されています。利用定員30人の施設の場合で、管理者（他の職務との兼務も可）のほか、生活相談員１人以上、介護職員４人以上、看護職員１人以上（非専従も可）、機能訓練指導員１人以上（他の職務との兼務も可）となっています。24時間体制の入所施設と異なり、運営されている時間帯に職員が配置されていればよいので、非常勤職員の占める割合が高くなっています。

どんな仕事が行われているの？

　デイサービスセンター（通所介護事業所）では、在宅の高齢者に日帰り（通所）の方式で機能訓練、血圧測定等の健康チェック、入浴、食事、レクリエーションなどのサービスを提供します。利用者の居宅と施設間の送迎も行われます。

14:00	15:00	16:00	17:00	18:00	19:00	20:00	21:00	22:00
▶ レクリエーション	▶ おやつ ▶ 歌 ▶ 帰宅							

④ 介護老人保健施設

どんな施設なの？

　老人保健法に基づき昭和61（1986）年に「老人保健施設」として制度化され、介護保険法により、「介護老人保健施設」と名称が改められました。

　公立の施設もありますが、ほとんどは医療法人や社会福祉法人が経営しています。

　令和4（2022）年10月1日現在、全国に4,273か所、およそ37万人が生活しています。

　介護老人福祉施設（特別養護老人ホーム）と同様に、介護保険制度に基づいて運営しており、入所方法や費用負担の仕組みも同じです。

　介護老人福祉施設が比較的長期間の介護を提供する（多くの利用者にとって「終の住まい」となる）ことが多いのに対して、介護老人保健施設は、介護を必要とする高齢者が一定の期間入所して、在宅復帰をめざす施設として制度化されました。病院と自宅の「中間施設」という位置づけであり、利用者は在宅復帰に必要なリハビリテーションをはじめとする医療ケアと、生活サービスをあわせて受けます。

どんな人が利用しているの？

　利用者は基本的には介護老人福祉施設の利用者と同様の状態にある人ですが、病院を退院した人などが一定期間入所して、機能回復に取り組んで在宅復帰をめざすという点が異なります。しかし実際には、入所期間が長期化したり、病院に戻ったりする例や介護老人福祉施設に入所できるようになるまでの"つなぎ"として利用される例なども少なくありません。

介護老人保健施設の
1日（一例）

5:00	6:00	7:00	8:00	9:00	10:00	11:00	12:00	13:00
	▶ 起床 ▶ 洗面	▶ 朝食 ▶ 口腔ケア	▶ 検温	▶ 健康チェック ▶ 朝の体操 ▶ 水分補給 ▶ リハビリ ▶ （入浴）			▶ 昼食	▶ レクリエーション

どんな人が働いているの？

　職員の構成は介護老人福祉施設と比較すると、医療系従事者が多く、医師は1人以上が常勤するほか、看護職員（看護師または准看護師）も介護老人福祉施設の約3倍配置されています。

　職員配置は、管理者（医師等が兼務可）のほか、看護・介護職員は利用者3人につき1人以上（そのうち看護職員と介護職員との比率はおおむね2対5）、医師、支援相談員、理学療法士または作業療法士、介護支援専門員（他の職種との兼務可）が、それぞれ利用者100人につき1人以上、その他若干の職員（事務員、調理員等）となっています。一部の職員については、非常勤職員の常勤換算（例えば、常勤職員が40時間／週の勤務のところ、ある非常勤職員が20時間／週の勤務をする場合、その非常勤職員は0.5人とみなされます）によることができます。

どんな仕事が行われているの？

　利用者の要介護状態にあわせて、食事、入浴、排せつ等の介助など必要な介護を行うとともに、理学療法や作業療法等のリハビリテーション、さらには各種のレクリエーション活動などが行われています。

14:00	15:00	16:00	17:00	18:00	19:00	20:00	21:00	22:00
	▶水分補給 ▶おやつ	▶リハビリ		▶夕食 ▶服薬 ▶口腔ケア			▶就寝	

福祉現場で
働く人を紹介！

福祉の心を育ててくれた笑顔の
キャッチボール

社会福祉法人蓬愛会　地域密着型特別養護老人ホーム　美渉

介護職員・主任　**野田 有紀史**さん

祖母の病をきっかけに高齢者福祉に興味をもつ

　人生には最後の期間がある。それを意識したのは中学生の時です。一緒に暮らしていた祖母に病気が見つかり、みるみる衰えていく姿にショックを受けました。「いつか自分や親もこのように人生を終えるのか」と不安を覚えましたが、次第に高齢になったらどんな暮らしが待っているのかと考えるようになり、高齢者福祉に興味が湧いてきたのです。高校生になり、福祉の専門学校のオープンキャンパスに参加すると、先生も学生も明るく、人へのやさしさにあふれていました。進路に迷いはありませんでした。

　専門学校に入学して1年め、初めて行った特別養護老人ホーム（以下、特養）での実習では、認知症の利用者さんにどう接していいかわからず、ただただ固まってしまって何もできなかったのです。ところが、介護職員の方は、ケアをしながらごく自然にコミュニケーションをとっていました。「プロはすごい」。自分の能力への不安と「プロになるぞ」という意欲のふたつの気持ちを抱きながら、いくつかの施設で実習を重ねていきました。2年生で特養の実習に再チャレンジした時は、少しだけ自信をつけた自分がいました。

利用者が職員を笑顔にしてくれる

　「笑顔で仕事をしましょう」。それが入職して最初に先輩に言われたことです。「1日中ずっと笑顔でいるのは難しいかもしれないけれど、利用者さんの前では笑顔を徹底してください」。実際に働いてみてわかったのですが、自分が笑顔をお届けできているのは、利用者さんからエネルギーをいただいているから。実は笑顔にしていただいていたのです。自分がお世話をするという一方向の関係ではないことに気づきました。

ある利用者さんは頑固でふだんは険しい顔で過ごしているけれど、介助中のふとした瞬間に表情が和らいで「ありがとう」とつぶやいてくださったりする。そんな介護の仕事の幸せなひと時に、私は満面の笑みを浮かべているはずです。

　介護職に就く前、主な仕事は食事、入浴、排せつなどの身体介助だと思っていたので、働き始めた当初もそれらの技術をどう身につけるかで頭がいっぱいでした。でも仕事をするなかで、利用者さんが伝えたいことをくみとって対話をするといったコミュニケーション技術もとても重要で、かつ難しいと思うようになりました。

　イライラされているなと感じた時は無理に踏み込まないで距離を置く。大丈夫かなと思ったら、どうしたいのかをさりげなく聞く。例えば「家に帰りたい」と言われたら、散歩にお連れし気分を変えていただく。時にはドライブも楽しいでしょう。あるいはご家族に連絡して電話で会話していただくと落ち着かれるかもしれません。観察して傾聴し、気持ちを読みとり、可能なことは希望にそうように動く。そう心がけています。

人の心を豊かにする福祉の仕事

　利用者さんの希望をできる限りかなえるには、チームで力を発揮することが大切だと思うようになりました。職員が一人で抱え込まず、情報を共有してお互いを尊重しながら協力すると、職場に活気が自然に生まれてきます。

　福祉の仕事には、利用者さんも職員も、双方の心を豊かにし、その人がその人らしく生きていけるように支えていく力があると思います。親からは「いい仕事をしている」と言われ、中学生の頃の友人には「介護の仕事を選ぶとは思わなかったけど、真面目で穏やかになったね」と感心されたりします。

　中学生の時に抱いた不安や疑問は、今では解消されてきたように思います。高齢者が安心して楽しく暮らしていくために少しでもお役に立てているならうれしいです。

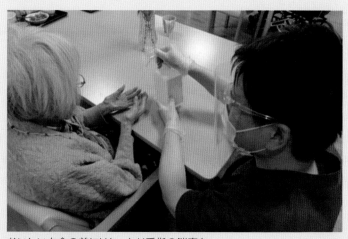

おいしい夕食の前にはしっかり手指の消毒を

用語アドバイス①

介護保険制度

　平成12 (2000) 年4月に施行された介護保険制度は、利用者の選択により総合的にサービスを利用できるようにするとともに、介護負担の軽減を図るために、介護サービスの提供や費用負担を社会保険方式で運営していく制度として誕生しました。保険者は市町村、被保険者は40歳以上の者、実際の介護サービスの利用者は、65歳以上の要支援・要介護の高齢者が中心です。サービスの利用には、市町村の認定調査員等による心身の状況に関する調査 (要介護認定審査) を受けて、認定審査会による審査を経て要支援・要介護・非該当の認定がなされます。財源は、1割 (一定の所得以上の者は2割、平成30 (2018) 年8月より一部の者は3割) の自己負担のほか、保険料と公費 (国や地方自治体の負担) が半々で構成されています。

地域包括ケアシステム

　「地域包括ケアシステム」とは、高齢者が、可能な限り、住み慣れた地域でその有する能力に応じ自立した日常生活を営むことができるよう、地域の実情に応じて医療、介護、介護予防、住まいおよび自立した日常生活の支援が継続的に確保される体制のことをいいます。これを整備する背景のひとつには、「団塊の世代」が75歳以上の高齢者となり、認知症や、世帯主が高齢者である単独世帯・夫婦のみ世帯の割合が増加していくことがあげられます。自身や家族に望む介護についてのアンケート調査によれば、自宅での介護を希望する人が70%を超えていることもあり、このような社会構造の変化や高齢者のニーズに応えるため、それぞれの地域の実情に応じた「地域包括ケアシステム」の実現が求められています。

高齢者虐待防止法

　認知症高齢者等、介護・養護を必要とする高齢者の増加にともない、高齢者を介護・養護する家族等のいわゆる「介護ストレス」が増大するなかで、高齢者に対するさまざまな虐待が深刻化しています。また、介護施設等においても、その職員等による虐待事例が少なからず発生しています。こうした状況を受け、平成18 (2006) 年4月1日、「高齢者虐待の防止、高齢者の養護者に対する支援等に関する法律」(高齢者虐待防止法) が施行されました。養護者による高齢者虐待とは、養護者が養護する高齢者に対して行う①身体的虐待、②介護・世話の放棄・放任、③心理的虐待、④性的虐待、⑤経済的虐待、の5つとされています。

2

児童福祉・障害児に かかわる施設

　児童福祉施設は児童福祉法を根拠とした施設で、助産施設、乳児院、母子生活支援施設、保育所、幼保連携型認定こども園、児童厚生施設、児童養護施設、障害児入所施設、児童発達支援センター、児童心理治療施設、児童自立支援施設、児童家庭支援センター、里親支援センターの13種類が規定されています。

　これらの施設では、当事者だけでは解決できない問題の改善に向けて、その子どもや保護者に必要な福祉サービスを提供しています。さまざまな種別の施設があり、児童福祉施設全体では4万6,997か所、利用者数は278万8,941人となっており（令和4〈2022〉年10月1日現在）、保育や社会的に養護を必要とする子どもや家族の状況等に応じて、利用できるようになっています。

　また、障害のある子どもの施設については、障害者総合支援法の障害児施設給付費に位置づけられ、障害のある子どもの保護者との契約に基づく利用施設になりました。

　近年は、児童虐待、それにともなう乳幼児等の死亡、ＤＶ問題、発達に課題のある子どもの増加など、子どもを取り巻く状況は大きくかつ複雑に変化しています。そのため、児童福祉施設では、保護、救済、家庭復帰、自立支援のために、子どもだけでなくその保護者・家族までを含めた支援も必要不可欠なものとなっています。

① 児童養護施設

どんな施設なの？

　児童養護施設は、児童福祉法第7条および第41条等によって規定された児童福祉施設です。児童福祉法第41条には、「保護者のない児童、虐待されている児童その他環境上養護を要する児童を入所させて、これを養護し、あわせて退所した者に対する相談その他の自立のための援助を行うことを目的とする施設」と規定されています。

　父母の行方不明・死亡、虐待（身体的、心理的、ネグレクト、性的）、父母の精神疾患、経済的理由による養育困難など、さまざまな理由により養護を必要とする子どもたちが一時、親から離れて生活している施設です。

　令和4〈2022〉年3月末現在、全国に610か所あり、約2万3,000人の子どもたちがそこで生活をしています。

　施設にはおおむね18歳までの子どもたちが生活していて（児童福祉法の改正により、令和6年4月から年齢制限は撤廃）、年中や年長の幼児は地域の幼稚園に通園し、小中学生も、それぞれ施設から地域の学校へ通学しています。もちろん高校生もいて同じく施設から通学しています。また、大学、専門学校、短期大学へ進学する子どもたちも増えてきています。

どんな人が利用しているの？

　おおむね2歳から18歳までの子どもたちです。

　利用に至る親の側の理由としては、養育拒否や虐待等により保護者に監護させられないこと、傷病や障害等により保護者が監護できないこと、行方不明、死亡等により保護者がいないことなどが

児童養護施設の
1日（一例）

5:00	6:00	7:00	8:00	9:00	10:00	11:00	12:00	13:00
		▶ 起床 ▶ 洗面	▶ 朝食	▶ 登校（小学・中学・高等学校） ▶ 登園（幼稚園） ▶ 園内保育			▶ 昼食 ▶ 給食 ▶ 弁当	▶ 午睡

あげられます。

　各都道府県・指定都市と一部中核市にある児童相談所が利用相談窓口になっています。入所決定は、都道府県知事・指定都市市長（措置権者）の委任により、児童相談所長による「措置」という形で行われています。

どんな人が働いているの？

　職員は施設長、児童指導員、保育士、個別対応職員、家庭支援専門相談員、嘱託医、栄養士、調理員、事務員等から構成され、それぞれがその職責に応じながら一丸となって子どもたちの生活を支えています。

　職員数については、児童数によってその定数が定められています（例えば、保育士および児童指導員の場合、満2歳未満児1.6人に1人、3歳未満児2人に1人、幼児以下4人に1人、学齢児以上5.5人に1人となっています[*1]）。

*1　職員配置基準上

どんな仕事が行われているの？

　基本的には、子どもたちの生活を支えるためのあらゆることが仕事です。近年は虐待や父母の精神疾患等によるネグレクトなどの理由での入所、また発達に課題のある子どもの入所が増加傾向にあります。本来、家庭で培われるはずだった親との愛着関係の欠如や、不安定な生活は、子どもの成長に大きな影響を及ぼします。子どもたちと生活をともにしながら子どもの成長に必要な大人との信頼関係の構築、日常生活・学習の支援等、また心理面、医療面と専門的な支援も含め、「育ち」を保障していかなければなりません。そうしたなか、子どもたちが通う学校や他の関係機関との連携、1日でも早く家庭に帰ることができるようにするための親との連携なども大切な仕事です。

　また、こうした専門的機能を生かして、地域社会の子育て支援等といった社会資源としての役割も期待されています。

14:00	15:00	16:00	17:00	18:00	19:00	20:00	21:00	22:00
▷帰園	▷帰園 ▷クラブ 　活動 ▷園内保育	▷帰園 ▷学習指導 ▷生活指導		▷夕食 ▷入浴 ▷部屋の 　かたづけ	▷入浴 ▷学習 ▷自由	▷自由	▷就寝	

② 乳児院

どんな施設なの？

　乳児院は、児童福祉法第7条および第37条等によって規定された児童福祉施設です。児童福祉法第37条には、「乳児院は、乳児を入院させて、これを養育し、あわせて退院した者について相談その他の援助を行うことを目的とする施設」と規定されています。

　父母の行方不明・死亡、虐待（身体的、心理的、ネグレクト、性的）、父母の精神疾患、経済的理由による養育困難など、さまざまな理由により保護・養護を必要とする乳幼児が一時、親から離れて養育されている施設です。

　令和4〈2022〉年3月末現在、全国に147か所あり、約2,400[*1]人の乳幼児が養育されています。

＊1　措置児童に限る

どんな人が利用しているの？

　乳児（0歳児）が養育されています（特に必要な場合は、幼児〔小学校就業前まで〕）。0歳児には生後間もない新生児も含まれており、なかには生まれたその日に保護されるという場合もあります。利用に至る親の側の理由としては、養育拒否や虐待等により保護者に監護させられないこと、傷病や家庭崩壊等で保護者が監護できないこと、死亡、遺棄等により保護者がいないことなどがあげられます。

　各都道府県・指定都市と一部中核市にある児童相談所が利用相談窓口になっています。利用決定は、都道府県知事・指定都市市長（措置権者）の委任により、児童相談所長による「措置」という

乳児院の
1日（一例）

5:00	6:00	7:00	8:00	9:00	10:00	11:00	12:00	13:00
	▸起床 ▸洗面		▸朝食[※]	▸検温	▸グループ別保育	▸昼食	▸午睡	

※授乳・離乳食・おむつ交換は各乳幼児に合わせて行う

形で行われています。

どんな人が働いているの？

　職員は施設長、看護師、児童指導員、保育士、個別対応職員、家庭支援専門相談員、嘱託医、栄養士、調理員、事務員等から構成され、それぞれがその職責に応じながら一丸となって乳幼児の養育にあたっています。

　職員数については、乳幼児数によってその定数が定められています（例えば、看護師または保育士、児童指導員は満2歳未満児1.6人につき1人以上、嘱託医は1人となっています[*1]）。

＊1　職員配置基準上

どんな仕事が行われているの？

　基本的には、乳幼児の養育にかかわるあらゆることが仕事です。乳児院で生活する子どもたちにとって施設での日々のできごとは、生まれて初めての体験が多く、そのため、子どもの成長に応じて個別・集団の配慮がなされなければなりません。愛情形成の土台づくりに努め、子どもの心の働きや成長発達（運動、認知、言語、情緒など）に配慮し、表情の変化を読み取りながら養育していかなければなりません。また、2歳未満の乳幼児はいろいろな感染症等の疾病にかかりやすく、予防を含めた医学的管理のもとでの養育が必要となることから、看護師が配置されています。

　養育の目標としては、乳幼児の健やかな成長発達と同時に、子どもと家庭との関係をつないでいくことも大きな目標となります。そのためには親・家族の問題解決に向けた取り組みが不可欠です。

　また、少子化・核家族化のなかで、同居による世代間の子育て術の継承がなくなり、家庭における子育てへの不安が増大している昨今、地域の子育て中のお母さん・お父さんに対する子育て支援が必要となっています。乳児院のノウハウと実績を生かして、相談事業や母親教室・父親教室なども実施されています。

14:00	15:00	16:00	17:00	18:00	19:00	20:00	21:00	22:00
	▶グループ別保育 ▶おやつ	▶入浴		▶夕食		▶就寝		

③ 母子生活支援施設

┃ どんな施設なの？

　母子生活支援施設は、児童福祉法第7条および第38条等によって規定された児童福祉施設です。児童福祉法第38条には、「母子生活支援施設は、配偶者のない女子又はこれに準ずる事情にある女子及びその者の監護すべき児童を入所させて、これらの者を保護するとともに、これらの者の自立の促進のためにその生活を支援し、あわせて退所した者について相談その他の援助を行うことを目的とする施設」と規定されています。

　さまざまな事情で入所した母子に対して、子どもたちの健やかな成長と心身と生活安定のための相談・援助を進めながら、母子家庭の自立を支援する施設です。

　令和4〈2022〉年3月末現在、全国に215か所あります。約5,000世帯の利用定員があり、母子約8,500人の利用があります。母親は施設から仕事へ、子どもは学校へ通います。暴力をふるう夫（父親）からの緊急避難的に利用する場合も多いので、母子を守るための種々の保護策があります。

┃ どんな人が利用しているの？

　児童福祉法では、上記に述べた児童福祉法第38条の規定のとおり、さまざまな理由で支援が必要な母と子が対象です。利用に至る理由としては、配偶者からの暴力、住宅事情、入所前の不適切な家庭環境などがあげられます。

　各市・郡（町村）にある福祉事務所が利用相談窓口になっています。緊急の場合でも福祉事務所に相談することで、緊急一時保護という形で利用できます。大都市、県庁所在地の施設では、24

母子生活支援施設の
1日（一例）

5:00	6:00	7:00	8:00	9:00	10:00	11:00	12:00	13:00
	▶起床 ▶洗面	▶朝食※	▶登校 ▶登園	▶到着	▶グループ別保育		▶昼食	▶午睡

※食事はすべて家庭で

時間体制で緊急保護を行っているところが多くなっています。

▍どんな人が働いているの？

　職員は施設長、母子支援員、保育士、少年指導員兼事務員、嘱託医、調理員等で構成され、それぞれがその職責に応じながら一丸となって母子の生活を支えています。

　職員数については、世帯数や子どもの人数によってその定数が定められています（例えば、母子支援員は定員20世帯未満は2人で、20世帯以上は3人となっています[*1]）。

＊1　職員配置基準上

▍どんな仕事が行われているの？

　母親の経済的・精神的自立と、子どもの健やかな成長を、生活を通して支えています。

　基本的には、母親に対する相談援助・生活支援・緊急保護等や、子どもに対しては保育、学習指導、各種のクラブ活動や行事等を通して健全育成に努めています。

　近年では、DV（家庭内暴力）、未婚母子、離婚、夫の行方不明、障害のある母子、消費者金融などによる家庭崩壊等が増加し、生活環境の不健全な状況から、情緒不安定による問題行動のある母子等が多く、精神的・心理的な側面からの援助が重要な仕事となっています。

14:00	15:00	16:00	17:00	18:00	19:00	20:00	21:00	22:00
▶帰園	▶学習 ▶自由遊び				▶夕食		▶就寝	

❹ 障害児入所施設

どんな施設なの？

　障害児のための入居施設は、それまで知的障害児施設・盲児施設・ろうあ児施設・肢体不自由児施設・重症心身障害児施設など障害種別ごとに規定されてきましたが、平成24 (2012) 年4月1日施行の改正児童福祉法により、障害児入所施設として一元化され、そのうえで福祉型障害児入所施設と医療型障害児入所施設の2種類になりました（改正児童福祉法第7条第1項および第2項）。重度・重複障害や被虐待児への対応強化を図るほか、自立（地域生活移行）のための支援を充実することになっています。

　令和4〈2022〉年10月1日現在、全国に464か所あり、約1万4,000人の子どもたちが生活しています。将来の自立に向けて、必要な知識や技能を獲得するために、生活指導・学習指導・職業指導を受けながら生活しています。

どんな人が利用しているの？

　18歳未満の、身体に障害のある児童、知的障害のある児童または精神に障害のある児童（発達障害児を含む）です。医療型で入所等をする障害児は、知的障害児、肢体不自由児、重症心身障害児とされ、手帳の有無は問わず、児童相談所、市町村保健センター、医師等により療育の必要性が認められた児童も対象とすることになりました。

　18歳以上の障害児施設入所者については、障害者施策で対応するように見直しされました。ただし必要な支援の継続措置に関する規定や、現に入所している者が退所させられることがないようにするための規定を設け、特に重症心身障害者については十分に配慮することとしています。

障害児入所施設の
1日（一例）

5:00	6:00	7:00	8:00	9:00	10:00	11:00	12:00	13:00
		▸ 起床 ▸ 洗面	▸ 朝食	▸ 登校 （小・中・高） ▸ 訓練	▸ 作業	▸ 通院	▸ 昼食	▸ リハビリ

どんな人が働いているの？

　障害児入所施設で働く人は、福祉型・医療型、あるいは主として対象とする障害の種別等により、配置されている職員の職種や数は異なります。例えば、主として知的障害児を対象とする福祉型障害児入所施設の場合、嘱託医・児童指導員・保育士・栄養士・調理員・職業指導員・心理指導担当職員・児童発達支援管理責任者等から構成され、それぞれがその職責に応じながら一丸となって子どもたちの生活を支えています。

どんな仕事が行われているの？

　子どもたちの生活を支えるためのあらゆることが、基本的な仕事です。また、子どもたちの自立へ向けた生活指導や学習指導、職業指導に取り組んでいます。学齢に達している子どもたちは、施設から特別支援学校や地域の学校に通学しているので、学校との連絡調整や連携が不可欠になっています。また、保護者との連携も重要な仕事です。

　福祉型・医療型の双方について、自立（地域生活移行）をめざした支援とし、福祉型は保護、日常生活の指導および独立自活に必要な知識・技能の付与、医療型は保護、日常生活の指導および独立自活に必要な知識・技能の付与ならびに治療を提供するサービスを提供することが求められています。

　また、福祉サービス普遍化の流れのなかで、地域社会における重要な社会資源としてのはたらきが期待されているところです。

14:00	15:00	16:00	17:00	18:00	19:00	20:00	21:00	22:00
▶生活指導	▶帰園 ▶おやつ		▶入浴 ▶生活指導	▶夕食	▶自由		▶就寝	

❺ 障害児通所施設

どんな施設なの？

　障害児入所施設同様平成24（2012）年4月1日施行の改正児童福祉法により、障害種別ごとに通所サービスや児童デイサービスは、障害児通所支援として一元化が行われました。障害児通所施設は、改正児童福祉法第7条で児童発達支援センター、さらに第6条の2において障害児通所支援等として定められています。

　障害児通所支援には、児童発達支援・放課後等デイサービス・居宅訪問型児童発達支援・保育所等訪問支援があります。

どんな人が利用しているの？

　知的障害・聴覚障害・視覚障害・脳性まひ・脊髄損傷・骨関節障害等の障害のある18歳未満の、在宅で生活している子どもおよびその家族です。児童発達支援事業では、発達障害も含められます。また、障害の疑いのある子どもたちも利用することができます。

　地域でともに暮らす子どもたちですから、障害があってもできるだけ地域の学校でともに学ぶことをめざしています。インクルーシブ教育やソーシャル・インクルージョンが、共生社会の創出には欠かせないこととされています。

どんな人が働いているの？

　障害児通所施設で働く人は、児童発達支援センター・児童発達支援事業、あるいは主として

障害児通所施設の
1日（一例）

5:00	6:00	7:00	8:00	9:00	10:00	11:00	12:00	13:00
				▶ 登所	▶ 訓練 ▶ レクリエーション		▶ 昼食	▶ 訓練 ▶ レクリエーション

対象とする障害の種別によって、配置されている職員の職種や数は異なります。

　例えば、児童発達支援センターでは、嘱託医・児童指導員・保育士・栄養士・調理員・機能訓練担当職員・児童発達支援管理責任者等で、それぞれがその職責に応じながら一丸となって子どもたちの生活を支えています。

┃ どんな仕事が行われているの？

　子ども一人ひとりの障害にあわせ、身近な地域で支援が受けられるよう、どの障害にも対応できるようにするとともに、障害特性に応じた専門的な支援が提供されるよう質の確保を図るために、日常生活における基本的な動作の指導、知識技能の付与、集団生活への適応訓練その他必要なことに取り組んでいます。必要に応じ、医師の指示のもとで診断・治療が行われています。

　ほかの児童福祉施設と同じように、地域社会における重要な社会資源としてのはたらきが期待されているところです。

14:00	15:00	16:00	17:00	18:00	19:00	20:00	21:00	22:00
	▶おやつ	▶帰宅						

❻ 児童自立支援施設

どんな施設なの？

　児童自立支援施設は、児童福祉法第7条および第44条等によって規定された児童福祉施設です。児童福祉法第44条には、「児童自立支援施設は、不良行為をなし、又はなすおそれのある児童及び家庭環境その他の環境上の理由により生活指導等を要する児童を入所させ、又は保護者の下から通わせて、個々の児童の状況に応じて必要な指導を行い、その自立を支援し、あわせて退所した者について相談その他の援助を行うことを目的とする施設」と規定されています。

　令和4〈2022〉年10月1日現在、全国に58か所あります。定員は約3,400人あり、利用者数は約1,100人となっています。

　非行児童に対する制度は、その年齢、非行の程度により2つに分けられ、1つが児童福祉法、もう1つが少年法の体系となっています。非行児童のほとんどが深い心の問題を抱えています。施設職員はそのことをふまえ、生活をともにしながら、子どもたちの心が癒やされることや自立のために専門職として日夜努めています。

どんな人が利用しているの？

　おおむね児童福祉法に基づく18歳未満の子どもたちで、不良行為を行い、または行うおそれのある児童、家庭環境その他の環境上の理由により生活指導等を要する児童等が利用の対象となります。

　各都道府県・指定都市と一部中核市にある児童相談所が利用相談窓口になっています。利用決定は、都道府県知事・指定都市市長の委任により、児童相談所長による「措置」という形で行

児童自立支援施設の
1日（一例）

5:00	6:00	7:00	8:00	9:00	10:00	11:00	12:00	13:00
		▶ 起床 ▶ 洗面	▶ 朝食	▶ 施設内 　登校			▶ 昼食	▶ 作業 ▶ 体育

われています。

　また、警察や学校等から通報のあった場合は、家庭裁判所に送致された後に、少年審判により入所することもあります。

どんな人が働いているの？

　児童自立支援施設で働く人の職種は、児童自立支援専門員、児童生活支援員、個別対応職員、家庭支援専門相談員、嘱託医、栄養士、調理員、事務員、施設長等で、それぞれがその職責に応じながら一丸となって子どもたちの生活を支えています。

　職員数については、児童数によってその定数が定められています（例えば、児童自立支援専門員および児童生活支援員は、児童おおむね4.5人につき1人となっています）。また、それぞれに社会福祉士や保育士等の資格、もしくは実務経験が必要です。

どんな仕事が行われているの？

　子どもたちの生活を支えるためのあらゆることが仕事です。また、生活指導、学科指導、職業指導を一体として行い、子どもたちの自立支援を図っています。施設の形態は原則として、小舎制となっていて、小舎を担当する職員（児童自立支援専門員・児童生活支援員）は実夫婦による住み込みとしている場合もあり、まさに起居をともにしています。

　児童自立支援施設で生活するに至った子どもたちの背景には、多くの問題が潜んでおり、子どもたち自身の課題とともに「自立」を妨げる大きな要因となっています。施設での日々の生活のなかで、それらの一つひとつと向き合いながら、将来の自立をめざしています。

　かつては地域の学校への通学をしないことにより、教育保障の問題が指摘されたこともありましたが、現在では改善され、地域の小中学校等への通学や施設内に分校・分教室を設置するなどして教育の充実がなされています。

14:00	15:00	16:00	17:00	18:00	19:00	20:00	21:00	22:00
	▶クラブ活動		▶帰寮 ▶学習指導 ▶生活指導	▶夕食	▶自習 ▶自由	▶入浴	▶就寝	

福祉現場で
働く人を紹介！

異業種から転職したことで
出合えた福祉の魅力

社会福祉法人八葉会　児童養護施設　恵愛
副主任事務員兼児童指導員　**小山 智晶**さん

民間企業で働くなかで芽生えた子どもへの関心

　大学では食物科学を専攻し、家庭科の教員免許を取得しましたが、卒業後は、行政機関から温泉施設を受託運営する民間企業に入社。そこでは「温泉と食」をテーマに地域の活性化を図り、地元の食材を活かしたメニュー開発や接客、イベントの企画・開催などが私の主な仕事でした。該当する市の産業のPRと同時に効果的な集客と業績をあげることを常に考えているような職場でした。

　家族連れの顧客を増やすために、子どもが楽しめる企画を考案するなかで、徐々に子どもたちとのかかわり方に目が向くようになっていました。自分の教員資格を活かし、子どもに深く関われる仕事にはどんなものがあるだろう。そう考えていた矢先、現在の職場の求人を知り、がぜん興味をもったのです。

壁にぶつかっても子どもが支えてくれた

　当時は児童福祉施設についてまるで知識がなく、イメージが湧かなかったので、ハローワークに問い合わせると「すぐに転職を決めないで、どんな特徴があるのか、見学してから検討したらいかがですか」と助言を受けました。早速、見学に行くと、施設長から「あたたかな家庭的環境のなかで一人ひとりが大切にされていると実感できる支援をめざしています」とうかがい、大学で学んだ家庭科の知識やこれまでの仕事の経験が活かせそうだとピンときました。施設長は、異業種からの人材の異なる考え方や空気が入るのはよいことだと思ったようで、「ぜひ採用試験を受けて」と言われたのです。

　平成29 (2017) 年4月、現在の職場に児童指導員として入職。当初は、子どもと意思疎

通がうまく図れず立ち止まることもありましたが、先輩からアドバイスを受け、試行錯誤しながらも前にすすむことができました。改めて振り返ってうれしく思うのは、子どもを支援するなかで壁にぶつかっても、子どもたちが私を支えてくれたことです。

　ある時、ひとりの男子が食事中にもっと食べたいと大騒ぎ。私は対応に困り果てました。その後、女子棟に移っておやつの準備をしていると、同じ施設で暮らす、騒いだ男子の妹が近づいてきて「お兄ちゃんって大変でしょ? おやつ、一緒に食べよう」とさりげなく気遣ってくれたのです。きっと私は険しい顔をしていたのだと猛省しました。その時にその子と一緒に食べたゼリーのおいしさが今も忘れられません。

つながることのおもしろさを体感

　以前は福祉の仕事は、ゆったりとしたやさしさであふれた世界というイメージをもっていましたが、頭と身体をバリバリ使う体力勝負でもあることを日々実感しています。外遊びの時間には子どもと一緒に全力で走り回ります。食事を用意する時は、素材の味を大切にしながら子どもの好みにも合わせて、たくさんの量を手際よく調理しなくてはなりません。

　入職して1年後、現場の仕事に慣れてきた頃に事務を兼務するようになりました。経理に携わることにより、複数の支援事業を展開する法人の全体像が俯瞰できるようになりました。現在、相談支援事業の相談員になるための勉強をするなかで、多機関連携への理解が深まり、相談を受けてからどんな支援の流れを構成すればいいか、判断する力も少しずつついてきたように思います。さまざまな制度を学ぶ意欲も増し、福祉の世界で点と点が結びつき、必要な面がどんどん広がっていくおもしろさを感じています。

　民間企業のような利益重視ではなく、子ども第一主義で事業を考えていく。責任は重いけれど人間的で魅力いっぱいの仕事に私は就いている。そう自信をもって言えるのが心からうれしいです。

みんなで綿あめをつくって楽しんだ後には勉強会

法人内別事業の活動のひとつ「お寺にこどもの居場所づくり」レクリエーション

福祉現場で
働く人を紹介!

重度障がいの子どもたちが発信する
メッセージは私への素敵な贈り物

社会福祉法人いわき福音協会　福島整肢療護園
保育士　**吉成 優花**さん

第二志望の学科にすすんで適職を見つけた幸運

　保育という仕事を初めて意識したのは中学生の時に参加した職業体験でした。幼稚園で生き生きと幼児とかかわる先生の姿を見て、憧れを抱きました。高校卒業後、短期大学の幼児教育学科に進学。第一志望は親が勧めた医療系の学科でしたが、結局不合格で第二志望へ。でも今、自分にとても合った仕事に就けているのですから、人生ってわからないものです。

　大学の実習で初めて障がい児施設へ行く時は不安でした。できないことがたくさんある子どもたちを目の前にしたら、気持ちが沈んでしまうのではないか――。ところが、いざ行ってみると、とんでもない。先生たちはそれぞれの子どもの障がいに合った支援の道具を選択し、「やってみましょう!」とはげましていました。障がいがあっても、あれもできるしこれもできる。子どもも先生もとても楽しそうでした。自分が幼少期、障がいのある子どもたちと遊んだ風景がふっと頭に浮かびました。

保育士も多職種連携で働く職場に入職

　看護師の資格をもつクラスメートがいて、ある日、医療の分野でも保育士が必要とされていることを教えてくれました。「そうだったのか。おもしろそう!」と興味が湧いていろいろと調べ、現在働いている医療型障害児入所施設で、1日ボランティアの体験をさせてもらいました。すると保育士や看護師、リハビリスタッフたちが話し合いながら子どもたちの支援を行っていたのです。多職種連携が密に行われていることが興味深くて、「ここで働きたい」と思いました。

令和3（2021）年4月、社会福祉法人いわき福音協会に入職。座位保持装置や車いすを利用する子どもたちをどう支えるのか、わからないことばかりでしたが、先輩たちが丁寧に教えてくれました。当初はアプローチしても、言葉でも表情でも応えてくれない子どもがいて悩みました。すると先輩に「たとえ反応がなくても、聞いているし、感じている。どんどん話しかけてあげて」と助言されたのです。一生懸命そのとおりにしていたら、なんとある日、子どもから微笑みが返ってきました！

一人ひとりに合ったコミュニケーションを探る

子どもたちとのかかわりから、私はうれしいサプライズのような学びをたくさん受け取っています。

ある朝の登校時、周囲のあちこちに興味が湧いてなかなか前に進めないでいる子どもがいました。そこで「学校で先生が首を長くして待ちすぎたから、キリンになってるよ」と言葉をかけると、「大変だ！ 急がなきゃ」と笑顔で学校に向かったのです。翌日も「先生がキリンにならないようにがんばるね」と大張り切り。一人ひとりに合わせた言葉選びの大切さを実感しました。

ある日、プレイルームで絵本の読み聞かせをしていたら、ひとりの子どもが「自分も読みたい」と言い出しました。文字の読み方の認識が難しく、読むのに時間がかかる子どもです。でも頭の中にはその子の言葉がたくさん詰まった辞書があります。絵を見ながら言葉を引き出して、その子ならではの読み聞かせをしてくれました。いつもは落ち着かない周りの子どもも、そして私も、物語の世界に引き込まれていったのです。

私は現在、障がいのある成人の方たちの支援も行っています。最初は保育士なのにと不思議な気もしましたが、介護の技術も身につけられるなんてラッキーです。さらに、職場には仕事とプライベートを両立できる環境が整っています。これから経験を積みながら、福祉の世界をもっと楽しみたいと思います。

学校やリハビリから帰ってきたみんなと楽しい時間

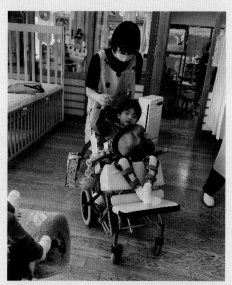

4月から小学生になる子どもの卒園式を開催

用語アドバイス②

こども家庭庁

　令和5（2023）年4月、「こども家庭庁」が発足しました。こども家庭庁とは、これまで各省庁でバラバラに行われてきた子どものための政策をまとめて行う国レベルの行政機関で、総理大臣直属の機関として内閣府の外局に位置します。内閣府特命担当大臣も置かれており、各省庁に子ども政策の改善を求めることができる「勧告権」を持っています。内閣府の「子ども・子育て本部」や厚生労働省の「子ども家庭局」も、こども家庭庁に移管されました。

児童虐待防止法・DV防止法

　児童虐待の深刻な状況を背景に平成12（2000）年5月に成立した、「児童虐待の防止等に関する法律」（児童虐待防止法）は、第1条（目的）で、「児童虐待が児童の人権を著しく侵害し、その心身の成長及び人格の形成に重大な影響を与える」ものとの認識に立ち、児童虐待の禁止はもちろん、国および地方公共団体の責務を明確にしています。また、第2条で児童虐待を、①身体的虐待、②性的虐待、③ネグレクト、④心理的虐待と規定しています。また、法に基づいた「被虐待児発見の通告」を行った場合は、守秘義務を不問とする規定（第6条の2）を入れ、これにより児童福祉法第25条の通告義務等の促進が図られ、虐待の早期発見につながるものと期待されています。

　また、DV防止法といわれている「配偶者からの暴力の防止及び被害者の保護等に関する法律」が平成13（2001）年に施行され、配偶者からの暴力に関する通報、相談、保護、自立支援等の体制が整備されています。被害者である母子の保護には児童福祉施設も大きな役割を果たしています。なお、子どもの前でのDVも児童虐待とされています。

児童相談所

　児童福祉法第12条により規定された、都道府県・指定都市が設置義務をもつ行政機関です。子どもとその家庭を対象として、その健全な育成のために専門家が配置され、昼夜を問わず稼動し、相談業務・保護業務等の支援をしています。人口等により設置数等が判断されています。子どもに関する、すべてのことに対応しているといっても決して過言ではありません。最近多発している、子どもが関係する事件等で、新聞・テレビ等で報道されているなかに、必ずといっていいほど取り扱われています。児童虐待等の保護・救済にあたっては、児童相談所長は司法審査をふまえ、保護者の同意なしで保護することが可能になっています。

3

障害者 (身体・知的・精神障害者) に かかわる施設

　平成18 (2006) 年に国連総会で採択された「障害者の権利に関する条約」（障害者権利条約）は、障害者の人権や基本的自由の享有を確保し、障害者の固有の尊厳の尊重を促進することを目的とし、障害者の権利を実現するための措置等を規定しています。日本は翌年にこの条約に署名し、その後、障害当事者の意見を聞きながら、条約にあわせて国内法令の整備を進めてきました。このようななか、障害者にかかわる施設は、平成24 (2012) 年に成立した障害者総合支援法に基づいた障害福祉サービス体制が整備されています。障害者総合支援法は、対象となる障害者の範囲を身体障害者、知的障害者、精神障害者（発達障害者を含む）および難病等とし、福祉サービスの体系は居宅サービス、日中または夜間の施設サービスとし、給付システムは自立支援給付（介護給付・訓練等給付・自立支援医療・補装具）および地域の状況に応じて実施する地域生活支援事業で構成されています。

　国連の障害者権利委員会から、令和4年（2022）年9月に「対日審査総括所見」が示されました。そこには、評価すべき点として障害者差別解消法の改正等をあげていますが、一方、懸念事項と勧告事項に関して多岐にわたって指摘されており、政策審議への障害当事者の参加促進、障害認定における医学モデルの排除と社会モデルに基づいた支援の推進、意思決定支援と非自発的な入院・治療の防止、地域移行・脱施設化などが指摘されています。

① 療養介護事業所

どんな施設なの？

療養介護事業所は、障害者総合支援法に基づく、医療と常時の介護を必要とする障害者が利用する医療機関です。身体状況や環境に応じ、機能訓練、療養上の管理、看護、医学的管理のもとにおける介護および日常生活上の支援を適切かつ効果的に行います。定員は20人以上です。

令和4（2022）年10月1日現在、全国に246か所[1]の施設があります。

*1　障害者支援施設の昼間実施分は含みません。

どんな人が利用しているの？

病院等への長期の入院による医療的ケアに加え、常時の介護を必要とする18歳以上の障害者が利用しています。具体的には、筋萎縮性側索硬化症（ALS）患者等、気管切開をともなう人工呼吸器による呼吸管理を行っていて障害支援区分6の人、筋ジストロフィー患者または重症心身障害者であって障害支援区分5以上の人です。

令和4（2022）年9月現在、1万7,295人が利用しています。

どんな人が働いているの？

施設長（管理者）、サービス管理責任者、生活支援員（利用者4人につき1人）、看護師（利用者2人につき1人）等で構成されています。療養介護事業所の管理者は医師でなければならないとされています。

療養介護事業所の
1日（一例）

5:00	6:00	7:00	8:00	9:00	10:00	11:00	12:00	13:00
		▶ 起床 ▶ 洗面 ▶ 清掃	▶ 朝食	▶ リハビリ ▶ レクリエーション			▶ 昼食	

どんな仕事が行われているの？

　利用者の能力や環境、日常生活全般の状況等の評価を通じて利用者の希望する生活や課題等を把握し（アセスメント）、療養介護計画を作成します。その療養介護計画に基づき、利用者が自立した生活を営むことができるよう、適切な支援を行います。

　主な支援として、食事・入浴・排せつ等の介護、日常生活上の相談支援、機能訓練等を行います。日中の活動では、個々の適性に応じた作業活動や文化・芸術・創作活動の指導や援助、またさまざまな行事やレクリエーション等を実施します。

　そのほか、家族や関係機関との連絡・調整、地域との連携、家族に対する相談援助等も重要な仕事です。

14:00	15:00	16:00	17:00	18:00	19:00	20:00	21:00	22:00
▶ リハビリ ▶ レクリエーション				▶ 夕食			▶ 就寝	

② 生活介護事業所

どんな施設なの？

生活介護事業所は、障害者総合支援法に基づく、常時介護を必要とする障害者が利用する福祉施設です。主に日中において、重度・最重度者に対する身辺面の介護から、中・軽度者に対する生活支援まで、幅広い役割・機能を担っています。定員は20人以上です。

令和4（2022）年10月1日現在、9,508か所[*1]の施設があります。

*1　障害者支援施設の昼間実施分は含みません。

どんな人が利用しているの？

地域や入所施設において、安定した生活を営むため、常時介護等の支援が必要な18歳以上の障害者が利用しています。具体的には、障害支援区分3（障害者支援施設等に入所する場合は区分4）以上の人、50歳以上の場合は障害支援区分2（障害者支援施設等に入所する場合は区分3）以上の人です。

令和4（2022）年9月現在、26万9,175人の人が利用しています。

どんな人が働いているの？

施設長（管理者）、サービス管理責任者、生活支援員、看護師、理学療法士または作業療法士等で構成されています。利用者の平均障害支援区分等に応じて職員配置の基準が設定されています（平均障害支援区分4未満：利用者6人につき1人、平均障害支援区分4以上5未満：利用

生活介護事業所の
1日（一例）

5:00	6:00	7:00	8:00	9:00	10:00	11:00	12:00	13:00
		▶起床 ▶洗面 ▶清掃	▶朝食	▶創作活動 ▶レクリエーション			▶昼食	▶レクリエーション

者5人につき1人、平均障害支援区分5以上：利用者3人につき1人）。

どんな仕事が行われているの？

　個別支援計画に基づき、食事・入浴・排せつ等の介護や、着替え、整容等の日常生活上の支援、創作活動や生産活動の機会の提供および支援、社会活動や精神面に対する援助を行います。このような仕事以外にも、家族や関係機関、地域との連携・調整の役割があります。

　利用者一人ひとりの可能性を引き出し、その思いを大切にしながら、主体的に生きられるように援助することが、仕事を行ううえでの基本的な姿勢です。

　また、施設内で完結することなく、地域における社会資源としての役割も期待されています。

14:00	15:00	16:00	17:00	18:00	19:00	20:00	21:00	22:00
	▶ おやつ			▶ 夕食			▶ 就寝	

3 自立訓練事業所
（機能訓練、生活訓練）

どんな施設なの？

自立訓練事業所は、障害者総合支援法に基づく、地域生活を営むうえで一定期間の訓練が必要な障害者に対し、身体機能や生活能力の維持向上等のために必要な支援や訓練を適切かつ効果に行う施設です。

自立訓練事業は機能訓練と生活訓練に分類され、いずれも定員は20人以上です。

利用者ごとに、標準期間内で利用期間が設定されます。標準期間は、機能訓練で1年6か月（頸髄損傷による四肢まひ等の場合は3年）、生活訓練で2年（長期入所者の場合は3年）なります。

令和4（2022）年10月1日現在、自立訓練（機能訓練）事業所は401か所、自立訓練（生活訓練）事業所は1,583か所あります[*1]。

*1　障害者支援施設の昼間実施分は含みません。

どんな人が利用しているの？

【機能訓練】

身体障害者が、身体機能・生活能力の維持・向上等のために利用します。具体的には、入所施設・病院を退所・退院、または特別支援学校を卒業し、地域生活を営むうえで、身体的リハビリテーションの継続や身体機能の維持・回復などを目的とした訓練が必要な人などです。

【生活訓練】

知的障害者や精神障害者が、生活能力の維持・向上等のために利用します。具体的には、入所施設・病院を退所・退院、または特別支援学校を卒業し、地域生活を営むうえで、生活能力の維持・

自立訓練事業所
（機能訓練）の
1日（一例）

5:00	6:00	7:00	8:00	9:00	10:00	11:00	12:00	13:00
				▷登所	▷入浴 ▷作業 ▷機能訓練		▷昼食	▷作業 ▷レクリエーション

向上などを目的とした訓練が必要な人などです。

どんな人が働いているの?

【機能訓練】

　施設長（管理者）、サービス管理責任者、生活支援員、看護師、理学療法士または作業療法士等で構成されます。職員配置は、利用者6人につき1人です。

【生活訓練】

　施設長（管理者）、サービス管理責任者、生活支援員、地域移行支援員等で構成されます。職員配置は、通所型で利用者6人につき1人、宿泊型で利用者10人につき1人です。

どんな仕事が行われているの?

【機能訓練】

　理学療法や作業療法等の身体的リハビリテーション、日常生活上の相談支援、レクリエーション等を行います。

【生活訓練】

　食事・入浴・排せつ・家事等といった日常生活能力の向上のための支援や、日常生活上の相談支援、レクリエーション等を行います。

　どちらも、通所による訓練を原則としつつ、個別支援計画の進捗状況に応じ、訪問による訓練を組み合わせます。

14:00	15:00	16:00	17:00	18:00	19:00	20:00	21:00	22:00
		▶ 帰宅						

④ 就労移行支援事業所

どんな施設なの？

就労移行支援事業所は、生産活動その他の活動の機会の提供を通じて、就労に必要な知識および能力の向上のための訓練等を適切かつ効果的に行う施設です。定員は20人以上です。

利用者ごとに、標準期間（2年）内で利用期間が設定されます。

令和4（2022）年10月1日現在、全国に3,393か所の施設があります[*1]。

*1　障害者支援施設の昼間実施分は含みません。

どんな人が利用しているの？

一般就労等を希望し、知識・能力の向上や実習、職場探し等を通じて適性に合った職場への就労等が見込まれる利用開始時65歳未満の障害者で、企業等への就労を希望する人、または技術を習得し、在宅で就労・起業を希望する人が利用します。

どんな人が働いているの？

施設長（管理者）、サービス管理責任者、職業指導員および生活支援員（利用者6人につき1人）、就労支援員（利用者15人につき1人）等で構成されています。

就労移行支援事業所の
1日（一例）

5:00	6:00	7:00	8:00	9:00	10:00	11:00	12:00	13:00
				▶ 登所 ▶ 施設外作業へ出発 ▶ 作業			▶ 昼食	▶ 作業

どんな仕事が行われているの？

　利用者が一般就労等へ移行できるよう、基礎体力の向上、持続力や集中力の習得、マナーや身なりの習得等の支援を行います。

　また、関係機関との連携のもと、職場見学・実習、求職活動、利用者の意向および適性に応じた職場開拓、トライアル雇用等の事業所外就労支援を行います。就職後は職場定着のため、障害者就業・生活支援センター等の関係機関と連携して、6か月継続して職業生活における相談支援等を行います。その後は、基本的には併設している就労定着支援事業所が引継ぎ、継続して支援を行います。

　通所によるサービスを原則としつつ、個別支援計画の進捗状況に応じ、職場訪問等によるサービスを組み合わせます。

14:00	15:00	16:00	17:00	18:00	19:00	20:00	21:00	22:00
	▶事業所に戻る	▶帰宅						

どんな施設なの？

　一般就労等が困難な障害者に就労の機会を提供するとともに、生産活動その他の活動の機会の提供を通じて、その知識および能力の向上のために必要な訓練を行う施設です。利用者と雇用契約を結ぶA型と、雇用契約を結ばないB型の2種類があります。いずれも定員は10人以上です。

　令和4（2022）年10月1日現在、就労継続支援（A型）事業所は4,429か所、就労継続支援（B型）事業所は1万5,588か所あります[*1]。

*1　障害者支援施設の昼間実施分は含みません。

どんな人が利用しているの？

【就労継続支援A型事業所】

　雇用契約に基づく就労が可能な、利用開始時65歳未満の障害者で、就労移行支援事業を利用したものの一般企業の雇用に結びつかなかった人、特別支援学校を卒業し就職活動を行ったが雇用に結びつかなかった人、一般企業を離職したなど就労経験のある人が利用しています。

【就労継続支援B型事業所】

　就労の機会を通じ、生産活動に係る知識および能力の向上が期待される障害者で、就労移行支援事業により、一般企業や就労継続支援A型事業の雇用に結びつかなかった人、一般企業や就労継続支援A型事業での就労経験があるが年齢や体力の面で雇用されることが困難な人で、50歳に達している人または障害基礎年金1級受給者が利用しています。

就労継続支援
B型事業所の
1日（一例）

5:00	6:00	7:00	8:00	9:00	10:00	11:00	12:00	13:00
				▷登所 ▷朝礼 ▷作業			▷昼食	▷作業

どんな人が働いているの？

施設長（管理者）、サービス管理責任者、職業指導員および生活支援員（利用者10人につき1人）等で構成されています。

どんな仕事が行われているの？

【就労継続支援A型事業所】
雇用契約に基づく就労の機会を提供するとともに、必要な知識や能力が高まった人が一般就労へ移行できるよう支援します。

【就労継続支援B型事業所】
雇用契約は結ばず、就労や生産活動の機会を提供するとともに、必要な知識や能力が高まった人が一般就労へ移行できるよう支援します。平均工賃は月額3,000円を下回らないことが要件とされます。

14:00	15:00	16:00	17:00	18:00	19:00	20:00	21:00	22:00
	▶休憩 ▶掃除	▶帰宅						

❻ 地域活動支援センター

どんな施設なの？

　地域活動支援センターは、通所による利用者に創作的活動または生産活動の機会を提供するとともに、社会との交流の促進等の便宜を図ることを目的とした施設です。

　基礎的事業とその機能を強化するための事業があります。基礎的事業は、生活支援、創作的活動、生産活動、地域交流の機会の提供等を行っています。機能強化事業は、1日当たりの実利用人数および事業内容により、Ⅰ型・Ⅱ型・Ⅲ型の3類型に分かれています。Ⅰ型では、精神保健福祉士等の専門職員を配置して、医療・福祉および地域の社会基盤との連携強化のための調整、地域住民ボランティアの育成、障害への理解促進を図る普及啓発等とともに、相談支援事業も行っています。Ⅱ・Ⅲ型では機能訓練、社会適応訓練、入浴サービス等を提供しています。

　市町村が地域の実情にあわせて実施する地域生活支援事業のひとつで、令和4（2022）年10月1日現在、2,794か所の事業所があります。

どんな人が利用しているの？

　地域生活支援事業であり障害支援区分の認定を受ける必要がないため、地域で生活している障害者（児）およびその保護者が利用しています。

　また、自立支援事業の利用者が併用することもあります。特に、機能強化事業Ⅰ型については、その機能・内容から精神障害者の利用が中心となっています。

地域活動
支援センターの
1日（一例）

5:00	6:00	7:00	8:00	9:00	10:00	11:00	12:00	13:00
				▶登所	▶作業 ▶創作活動 ▶入浴		▶昼食	▶作業 ▶レクリエーション

どんな人が働いているの？

施設長（管理者）、指導員2人以上（1人は専任）、精神保健福祉士等（I型において）で構成されています。

どんな仕事が行われているの？

食事・入浴・排せつの介助等の生活支援を行うとともに、創作活動や軽作業による生産活動の機会を提供し、その活動に参加できるように支援します。

また、憩いの場や地域交流事業の企画・実施等を行い、社会参加を支援します。そのほか、家族や関係機関等の調整を行います。必要に応じて個別支援計画を作成します。

特に、機能強化事業I型では精神保健福祉士等が専門的相談支援を行います。

14:00	15:00	16:00	17:00	18:00	19:00	20:00	21:00	22:00
	▶おやつ	▶帰宅						

福祉現場で 働く人を紹介！

職員の知恵を結集して支援する楽しさ

社会福祉法人あゆみの家　障害者支援施設　第二あゆみの家
生活支援員　**安藤 彩香**さん

教育実習で感じたコミュニケーションの深まり

　私は、24時間体制で交代勤務する障害者支援施設の生活支援員です。元々子どもが好きで、保育科のある高校を卒業後、大学の幼児教育学科に進学。将来の道を決めるターニングポイントになったのが、大学での実習体験でした。初めて知的障害のある人の施設に通うことになりましたが、私はそれまで重い障害のある人との接点がなく、知識もゼロ。とても緊張していました。「何を考えている人たちなのだろう。どうしよう……」。頭のなかは、世間でありがちな固定観念でがんじがらめになっていました。

　ところが行ってみると、まったく違う世界が広がっていたのです。言葉は出づらいかもしれませんが、こちらが理解したいと一生懸命向き合えば、受け止めてくれる。むしろ、彼らのほうが私たちに積極的に関心を寄せ、「仲よくなろうよ」というメッセージを発信してくれるのです。彼らは他者に無関心なのではありませんでした。言葉を上手には使えなくても、豊かな感受性にあふれています。しかも職員は、利用者と独自の方法で楽しそうに〝対話〟しています。すてきな仕事だと思いました。実習期間は10日間でしたが、日を追うごとに自分と利用者とのコミュニケーションの深まりを感じました。

知る前と後では、福祉に対する印象はガラリと変わる

　私の名前も顔も覚えていないと思っていた利用者が、ある時、突然、私の名前を呼んでくれました。重度の障害があっても、食べる時の箸使いがとてもきれいな人や、靴のひもを上手に結べる人もいます。人生のどこかの時期に、保護者や保育士、特別支援学校の先生などが、将来、社会に出る時のことを見据えて根気強く支援をした結果なのでしょう。

私たち職員の仕事は、利用者のそれまでの人生をふまえて、将来のことも深く考えながら支えることなのです。

　世の中の多くの人に障害のある人とその支援についてもっと知ってもらうには、外への発信がとても重要です。私は大学で講義をすることもあり、学生たちに「利用者や私たちは、ワイワイにぎやかに暮らしています。仕事で悩んでも絶対ひとりで抱え込むことはなく、プライベートを確保しリフレッシュする時間もあります」と話します。すると「大変な業務をピリピリしながら行っているのかと思っていましたが、とても楽しく仕事をしているんですね」といった感想がたくさん返ってきます。私が学生だった時と同じように、知る前と後では福祉の現場の印象がガラリと変わるのです。

現場を生き生きと楽しくするには、チームワークがカギ

　職場が楽しいのにはいろいろな理由がありますが、そのひとつはチームワークのよさでしょう。もしチームワークがよくなければ、利用者の状態が不安定になります。

　「先輩職員の話には、一言一句漏らさず耳を傾けるといいよ」。私は若手職員にそう言います。例えば利用者が不安定になった時、原因は昔のモヤモヤにあるかもしれない。背景を探り、解決の糸口を見つける自分のセンサーを、ベテラン職員は時間をかけて磨いています。

　「情報を結集してひとつの頭脳にしようよー」。私はそう職員に呼びかけています。さまざまな視点から得た知恵が詰まったお宝の頭脳なら、利用者により適切に寄り添うことができるのです。

　新人職員は、いろいろ悩んだりしながら、成長していきます。次世代を担う若い職員たちには、「私たちが引き継いだ知識を全部もっていってね。困った時は夜中でもいいから聞いてきて」と言っています。

　若手も4、5年たつと、私たちが教えたことに自分の経験を肉づけして、次の新人に伝えています。後輩たちのそんな姿は、私の大きなエネルギーになっています。

利用者と遠足で近くの観光地を回ることも。

障害者基本法

　この法律は、共生社会を実現するために、障害者施策の基本原則を定め、国および地方公共団体の責務を明らかにし、障害者施策を総合的かつ計画的に推進していくことを定めたもので、障害者施策に関する基本的な法律です。

　その内容は、基本原則として社会的モデルに基づく障害者の定義、地域社会における共生や障害を理由とした差別および権利侵害の禁止、国際社会との協調が定められ、さらに障害者の自立や社会参加のための基本的施策について定めています。

障害者虐待防止法

　障害者への人権侵害や虐待事件が後を絶たないことを受けて、虐待を早期に把握し、防止できる仕組みが必要であるとし、平成23（2011）年6月に「障害者虐待の防止、障害者の養護者に対する支援等に関する法律」（障害者虐待防止法）が施行されました。この法律では障害者虐待を①養護者による虐待、②障害者福祉施設従事者等による虐待、③使用者による虐待とし、虐待の類型を①身体的虐待、②ネグレクト、③心理的虐待、④性的虐待、⑤経済的虐待の5つとしています。

　そしてこの法律による虐待防止施策として、「障害者虐待の防止に係わる国等の責務」「障害者虐待の早期発見に対する努力義務」等を定めるとともに、虐待発見から対応について市町村等の責務と役割について具体的なスキームを定めています。また学校、保育所および医療機関等には、それぞれの管理責任者に対し虐待防止の措置の実施を義務づけています。

障害者差別解消法

　障害を理由とする差別を解消し、全ての国民が、障害の有無によって分け隔てられることなく、相互に人格と個性を尊重し合いながら共生する社会の実現に資することを目的に、平成28（2016）年4月、「障害を理由とする差別の解消の推進に関する法律」（障害者差別解消法）が施行されました。

　この法律では、障害があるという理由だけで、サービスの提供等を拒否したり制限するなどの「不当な差別的取り扱い」を禁止するとともに、「合理的配慮の提供」を求めています。

　合理的配慮とは、障害者から「社会的なバリアを取り除いてほしい」といった意思表示があった場合に、その実施に伴う負担が過重でない時に、そのバリアを取り除くために必要かつ合理的な配慮を講ずることです。

4

生活保護に
かかわる施設

　生活保護にかかわる施設（以下、保護施設）は、憲法第25条「すべて国民は、健康で文化的な最低限度の生活を営む権利を有する」という生存権保障の理念をふまえて制定された生活保護法に基づく施設です。

　生活保護の種類としては、衣食その他の日常生活の需要を満たすための必要経費を保障する生活扶助、疾病や負傷の治療費を保障する医療扶助等、全部で8つの扶助あります。これらの扶助は、在宅で行うことが原則となっていますが、それが不可能あるいは不適切である場合、保護施設に入所して実施することもできます。

　保護施設には、①身体上または精神上著しい障害がある人に生活扶助を行う救護施設、②身体上または精神上の理由により養護および生活指導を必要とする要保護者が入所することで、社会復帰を目的として生活扶助を行う更生施設、③医療の必要な人に医療扶助（医療の現物給付）を行う医療保護施設、④身体上もしくは精神上の理由または世帯の事情により、就業能力の限られた人に対して生業扶助（就労または技能修得のための機会や便宜の提供）を行う授産施設、⑤住居のない人に住宅扶助として居住空間を提供する宿所提供施設、の5種類の施設があります。

　なお、ほかの福祉法に基づく施設との類似がみられますが、利用者は生活保護の受給者であるという点に特徴があります。

❶ 救護施設

どんな施設なの?

　救護施設は、「すべて国民は、健康で文化的な最低限度の生活を営む権利を有する」と規定する憲法第25条の理念を受け、昭和25（1950）年に制定された生活保護法の第38条第2項に規定された施設です。四箇院のひとつとして 厩戸王（聖徳太子）が建てたといわれる「悲田院」（仏教の慈悲の思想に基づき、貧しい人や孤児等のためにつくられた施設）が、救護施設のはじまりといわれているほど、古い歴史があります。

　生活保護法に基づき、障害種別を問わず、身体上または精神上著しい障害がある人が入所して、生活扶助を受けます。利用者を地域の住民として尊重し、利用者の意向に沿った自立支援を行い、その人らしい豊かな生活の実現に最大限努めることを基本理念としています。

　令和4（2022）年10月現在、全国に186施設あり、約1万6,000人が生活しています。

どんな人が利用しているの?

　救護施設の利用には、障害種別による制限はありません。他法や他制度では対応できない人も受け入れています。令和2（2020）年の実態調査の結果、身体障害のある人、知的障害のある人、精神障害のある人、それらの障害が重複している人、アルコール依存症の人、DV被害の人、矯正施設を退所した人、多重債務のある人なども生活しています。

　救護施設の利用者は、原則として生活保護法第30条による被保護者です。福祉事務所による「措置」に基づき、入所します。

救護施設の
1日（一例）

5:00	6:00	7:00	8:00	9:00	10:00	11:00	12:00	13:00

▶ 起床
▶ 洗面
▶ 清掃

▶ 朝食

▶ 生活支援（社会能力支援、介助入浴を含む）
▶ 作業訓練（外勤を含む）
▶ クラブ活動
▶ 通院
▶ 機能訓練

▶ 昼食

どんな人が働いているの?

救護施設の職員は、施設長、事務員、生活指導員、介護職員、栄養士、調理員、医師、看護職員等で構成され、職員数の基準は施設の規模(入所定員)に応じて決められています。

どんな仕事が行われているの?

救護施設は、利用者にとっての生活の場です。日常生活を豊かで健康に、そして自分らしく送りたいというのは、誰もが願うことです。

利用者の安心・安全・安寧を保障するとともに、利用者一人ひとりの抱える問題を受け止め、一緒に考え、誰もがその人らしい人生を送ることができるよう、利用者の人権や主体性を尊重した個別支援計画をもとに支援を提供しています。

救護施設での支援には、次のようなものがあります。

① 日常生活支援…身のまわりの介助・介護や健康管理、相談援助

② リハビリテーションプログラム…身体機能回復訓練、社会生活技能訓練

③ 自己実現の支援…就労支援、作業活動、趣味・学習活動、レクリエーション

④ 地域生活支援…通所事業、居宅生活訓練事業

14:00	15:00	16:00	17:00	18:00	19:00	20:00	21:00	22:00
▶ 生活支援(社会能力支援、介助入浴を含む)				▶ 夕食	▶ 入浴		▶ 就寝	
▶ 作業訓練(外勤を含む)								
▶ クラブ活動								
▶ 通院								
▶ 機能訓練								

福祉現場で 働く人を紹介！

利用者の生きる喜びを
ともに探したい

社会福祉法人　沖の洲福祉会　救護施設寿楽荘

生活指導員　**後藤 修作**さん

先輩の言葉で前向きのスイッチが入る

「初めから完璧な人間はいない。君が現れるのを待ってくれている人が必ずいる。だから行動し続けることだよ」──大学卒業後、福祉業界とは異なる法人に就職したものの、なかなか結果が出せず、気持ちが沈んでいた僕に先輩がそう声をかけてくれました。すると、僕の中でスイッチが切り替わったのです。〝目の前の物事には勇気をもってチャレンジしよう〟と気づくきっかけになりました。

8年ほど勤めた後、転職した保険関係の会社で多くの高齢者と接するようになりました。それぞれの家族にも、それぞれの事情があることがわかりました。後天性の障害がある人に合った施設を懸命に探すお手伝いもしました。

そのようななか、かつて実家で同居していた亡き祖母のことを思い出しました。身体が弱った祖母は高齢者入所施設に入所し、私はそこで初めて施設で働く人の姿を見たのです。心を寄せて介助してくれる職員に、祖母はいつも笑顔で「ありがとう」を伝え、職員も笑顔で応えてくれている様子が印象的でした。

さまざまな特性をもつ人たちと対話する楽しさ

そんな折、現在の職場である救護施設寿楽荘に仕事で訪問する機会がありました。ここで生活する利用者の境遇等を知って、私も何か役に立てないだろうか、祖母のように笑顔になってもらえる手伝いをしたい、という思いが湧いてきたのです。

介護も福祉も経験はなかったけれど、平成30（2018）年の春に寿楽荘の職員募集を知り、入職しました。

救護施設は、身体や精神に障害があって、経済的な問題を含めて日常生活を送ることが困難な人のための生活扶助施設です。生きることに前向きになれず、喜びも見つけられずに日々を送る――。今までそうした利用者と接した経験がなかったので、当初は戸惑いもありました。しかし、考え悩んでいても仕方がないと、たわいない話題を見つけては言葉をかけてみました。うんうんと首を振るだけの人や、疾患があって心を閉ざしたままの人もいましたが、さまざまな特性をもった人がいて当たり前なんだと、やがてあるがままを受け入れられるようになり、言葉だけではないコミュニケーションを図る楽しさを感じるようになりました。

利用者の希望をすくいあげ、自立を支えたい

　ある町を車で通りがかった時、その地域は利用者Aさんがかつて暮らしていた、思い出の場所であることに気づきました。早速、周囲の風景をスマートフォンで動画撮影し、施設でAさんに見せると、「あの時代がよみがえる。あの頃に戻りたいなぁ」と涙を流して喜ばれました。こんなに感動してくれるとは予想外でした。このように利用者が生きる喜びを感じられる支援はもっとあるはずなのです。利用者一人ひとりに希望する生活や生き方があります。それらをしっかりすくいあげたいと思いました。

　多くはないですが、施設で自立する力を身につけて巣立っていく利用者もいます。私は生活指導員として利用者のお金の管理も担当しているので、将来、子どもと一緒に暮らしたいと思っている利用者には、自身で金銭や健康の管理ができるように支えたい。そのためには施設の多職種の職員と連携することが大事です。

　私はかつて自分と波長が合わない人とは距離を置きがちでした。でも今は、目の前にいる人にどんな言葉をかけたら笑顔を引き出せるかを考えます。利用者はもちろん職員も、それぞれの人が最大限の力を発揮できるように理解し、受容したい。そして相手をリスペクトする気持ちをいつももつようにしています。

　何があってもへこまないようにスイッチを上手に切り替えれば、仕事が、そして人生がさらに楽しくなりそうです。

利用者一人ひとりに寄り添って声を掛けます。

用語アドバイス④

生活保護制度

　生活保護制度は、国民の生存権を保障した憲法第25条に規定された理念を具体化するため、昭和25（1950）年に制定された生活保護法に基づく公的扶助制度です。生活困窮者に対する最低限度の生活保障と自立助長を目的としています。生活保護の助言や相談は自治事務ですが、決定・実施等は、法定受託事務であり、国が本来果たすべき役割であって地方自治体において適正な処理を確保するものとして位置づけられています。実施機関は、都道府県および市（一部福祉事務所を設置する町村を含む）の福祉事務所が担当しています。

　保護の種類は、生活扶助、教育扶助、住宅扶助、医療扶助、介護扶助、出産扶助、生業扶助および葬祭扶助の8種類であり、要保護者の必要に応じ、単給または併給として行われます。保護費は全額でみると生活扶助費と医療扶助費で全体の約8割を占めています。また、実施機関が組織的に被保護世帯の自立・就労を支援する制度として自立支援プログラムが導入されています。

　生活保護の被保護者は1950年代以降減少していましたが、90年代後半から増加傾向に転じ、令和3（2021）年度の月平均で、全国の被保護世帯数は約164万2,000世帯、被保護人員は約203万9,000人（人口100人当たり1.62人・保護率1.62％）となっています。

福祉事務所

　社会福祉法に基づき、都道府県および市（特別区を含む）に対して、設置が義務づけられている福祉に関する事務所です。主な業務としては、福祉6法（生活保護法、児童福祉法、母子及び父子並びに寡婦福祉法、老人福祉法、身体障害者福祉法および知的障害者福祉法）に基づく援護、育成または更生の措置に関する事務を所管・実施していますが、近年、介護保険制度や障害者総合支援制度など、ほかの福祉事務も増大傾向にあります。職員は所長のほかに、指導監督を行う職員（査察指導員）、現業を行う職員（現業員）および事務職員を置くことになっており、査察指導員および現業員は社会福祉主事ではなければなりません。

　福祉事務所は、地方公共団体における福祉行政の第一線の機関という性格をもっています。令和5（2023）年4月現在、都道府県福祉事務所が205、市（特別区含む）福祉事務所が999、町村福祉事務所が47で、合計1,251か所となっています。また、職員数は令和3（2021）年4月現在、査察指導員が3,383人、現業員が2万7,621人（生活保護担当ケースワーカー1万9,195人、五法担当ケースワーカー8,426人）です。

II

介護等体験に
あたってのQ&A

Q1 介護等体験にあたり、基本的な心構えを教えてください。

A 　第一点は、介護等体験をする施設は、入所等の利用者にとっては、生活の場であるということです。利用者からすると、施設は皆さんの家のようなものです。皆さんは、いわば利用者の自宅に立ち入って介護等体験を行っているということを十分理解しておいてください。

　第二点は、皆さんの介護等体験の相手方となる利用者の多くは、さまざまな障害等がある人々です。こうした障害等のある人々に対するいたわりの気持ちは欠かすことができません。しかし、それは利用者を哀れむことではありません。利用者をひとりの人間として尊重する態度が求められます。

Q2 介護等体験の申込みはいつ、どのようにすればよいですか。

A 　介護等体験の申込みは、個々の学生が個別に福祉施設に対して行うものではありません。あらかじめ所属する大学等において申込みを取りまとめ、次いで大学等から都道府県の社会福祉協議会へ申込みが送られ、都道府県社会福祉協議会が各福祉施設との調整を行ったうえで、受け入れが決まります。

　介護等体験を希望する学生は、大学等が告知する介護等体験の情報を見逃すことなく、的確な手続きを行い、介護等体験の機会を逃すことのないように注意しましょう。

Q3 介護等体験には費用がかかりますか。

A 　日額1,500円〜2,000円程度の費用がかかります。そのうち500円程度が都道府県社会福祉協議会の事務費に充てられ、残りが福祉施設での指導費に充てられます。申込み同様、個々の学生が個別に施設に納めるのではなく、大学等から都道府県社会福祉協議会に納めることになります。

Q4 申込みを行った後は、どうすればよいですか。

A 　大学等に申込みを行うと、都道府県社会福祉協議会の調整等を経て、申込み者に対して、介護等体験を行う施設名や時期等が通知されます。一方、学生を受け入れる施

設にも、介護等体験を行う学生の氏名や時期が、社会福祉協議会から通知されます。この段階で、初めて学生と施設は直接の接触ができますが、施設側から学生へ連絡してくる場合もあれば、施設によっては、学生から連絡をしない限り施設側からは動かないなど、接触のもち方はさまざまです。学生としては、自ら施設へ連絡をし、指示を仰ぐなどの積極性が必要でしょう。最初の連絡は電話でかまいません。

Q5 福祉施設から学生へのオリエンテーションはありますか。

A 　一般的に、学生が福祉施設において介護等体験を行う場合、事前にオリエンテーションが行われることが多いと思われます。福祉施設について予備知識のない学生がいきなり現場に入ることは、問題が少なくないからです。このオリエンテーションは、介護等体験の初日に行われる場合もありますし、それ以前に別の日程を設けて行われる場合もあります。オリエンテーションがいつ、どのように行われるのか、施設へ事前に確認することは欠かせません。また、施設によっては、学生に対してあらかじめ介護等体験に必要な事項をまとめた案内書のようなものを送付することもあります。その際は、十分に目を通しておきましょう。

Q6 福祉施設で特に気をつけなければならないマナーはありますか。

A 　まずは一般的な社会のマナーを守ることが大事です。最低限、決められた時間守ることと、あいさつをすることが重要です。

　あらかじめ施設から設定された出勤時間などは厳守しなければいけません。やむを得ず遅刻や欠勤をする時には必ず事前に施設に連絡をしてください。

　施設を初めて訪問する時は「介護等体験でお世話になる○○大学の○○○○と申します。指導ご担当の方にお取り次ぎをお願いします」とはきはきとした態度であいさつをしましょう。また、出勤、退勤の時はもちろん、常に明朗な態度を心がけてください。利用者の方々へのあいさつは、特に留意してください。

Q7 施設利用者と接する時に、気をつけなければならない点はありますか。

A 　一口に社会福祉施設といっても、本書からもわかるように、その種類や利用者もさまざまです。また、福祉施設の利用者の方々は、身体的、精神的、知的な障害を有していたり、あるいは十分な家庭環境になかったり、大きな困難を背負って生活している人々です。しかし、たとえどのような状況のもとで生きているといっても、人間としての尊さにおいては違いがありません。そのことをきちんとふまえたうえで、これら社会福祉施設の利用者の方々との接し方のポイントを理解しておくことが大切です。

　また、利用者にはその境遇から現実社会のなかで不当な差別や迫害を経験してきた人も少なくありません。学生の無意識の言葉づかいや態度が利用者を傷つけることもありますので、自らの言動と相手への配慮は常に意識してください。

Q8 高齢者施設の場合には、特にどのような点に注意したらよいでしょうか。

A 　相手が年長者であることを十分にわきまえて、年長者に対する言葉づかいに注意し、礼儀正しい態度をとることは当然のマナーです。悪意はない場合が多いのですが、相手にやさしく振る舞おうとするあまり、つい子ども相手のように幼児言葉を使ってしまうことがよくあるため、気をつけてください。

　相手に対して何かする時は、必ず言葉をかけましょう。ベッドから起こす時、車いすを動かす時など、事前に言葉をかけることで、相手は心と体の準備ができます。もちろん相手の意思に反したことはしてはいけません。相手の意思を十分にくみ取りましょう。

　ベッドに横になっている方、車いす使用者と話をする時は、必ず自分も腰をかがめ、相手との視線が水平に向き合うようにしましょう。

　認知症の高齢者の方の場合、なかには特異な行動（大便をいじる、器物を損壊する、裸で歩き回る等）を示すことがありますが、決して頭ごなしに叱責したり、抑止したりしてはいけません。余裕をもって笑顔で対処し、自然に相手の注意を外へ向けるようにしましょう。そうはいっても、学生には難しい場合が多いので、職員に知らせ応援を求めてください。

Q9 児童福祉施設の場合には、特にどのような点に注意したらよいでしょうか。

A　0歳からおおむね18歳までの子どもたちが施設を利用または生活をしています。その施設を利用している理由はさまざまですが、「子どもを知る・理解する」ということを大切にしてください。大人と子どもという関係ですが、指導するということでなく、子どもの成長を支援するという考えのもと、子ども一人ひとりにあった支援とは何か、そのために何を考えるべきか、何ができるかを心がけてください。ただし、子どもの言動が理解できず戸惑いや動揺、自身の感情を揺さぶられることも多々あるでしょう。子どもと向き合うことは自分自身と向き合うことでもあります。子どもの全てを理解することは不可能です。しかし、理解しようとすることは誰でもできます。子どもが発する言葉、行動をどう理解するかでその後の対応も違ってきます。一方的に自分の考えを押し付けるのではなく、まずは子どもの言動の裏にある感情を理解しようと努め、気持ちに寄り添うことを意識してください。

　また、子どもは大人の態度や雰囲気を敏感に読み取ります。機嫌が悪そう、怒っているかななど、自分では無意識のうちに表情や態度に出ていたりすることもありますので注意が必要です。難しいなと感じることがあるかもしれませんが、子どもを知る・理解するためにも、余暇や活動等を利用し、たくさんの子どもたちと触れ合うことが一番大切だと思います。

Q10 障害者施設の場合には、特にどのような点に注意したらよいでしょうか。

A　いかなる障害者に対しても、人としての尊厳を守り、人権を尊重することが基本です。障害があるからといって見下げたような振る舞い、言葉づかいなどは許されません。また、相手の状態を十分に思いやる気持ちが大切です。

　障害の種類、程度、期間などは人によってさまざまですので一概には言えませんが、特に次のような点を注意してください。

①知的障害者との接し方

　いちばん陥りやすい間違いは、知らず知らずに相手を子ども扱いしがちなことです。相手の障害をわきまえてわかりやすく話すということと、子ども扱いすることとはまったく違うことですから十分注意してください。

②身体障害者との接し方

　身体障害といっても、視覚、聴覚、言語、肢体不自由、内部障害（臓器等の障害）など、障害の種類はさまざまです。なお、介助行為をする時は必ず相手の意思を確認をするようにしてください。何でもしてあげることが適切な行為とは限らず、相手が「自分でします」と言う場合も少なくありません。

　（車いす使用者との接し方）話をする時は、自然に腰をかがめて相手との視線が水平になるようにしましょう。上から見下ろされるのは気持ちのよいものではありません。

　（聴覚・言語障害者との接し方）口をはっきりと動かして話しましょう。相手に音声が伝わらなくても、口の動きで理解される方も少なくありません。

　（視覚障害者との接し方）一緒に歩く時は、前方から手を引くのではなく、横に並んで相手の手を自分の肩や腰に当ててもらい歩いてください。そのほうが相手は安心感がありますし安全です。

Q11　生活保護施設（救護施設）の場合には、特にどのような点に注意したらよいでしょうか。

A　救護施設は、障害の種類等を問わず、支援を必要としている人がともに生きる場として、共同生活を送っている施設です。多様な障害や生活上の困難を背負っている一人ひとりを地域で生活する市民として尊重するという救護施設の基本理念を理解して、「利用者とともに」「利用者の人生に寄り添う」気持ちをもって体験してください。

Q12　介護等体験には施設職員が側についてくれるのですか。

A　個々の施設で異なります。ただし、介護施設には障害があり、専門的な援助を必要とする方々が生活しているので、学生は必ず職員の指導に従ってください。また、わからないことがあれば、勝手な判断をせずに、必ず職員に指導を仰いでください。

　なお、施設によって、期間中の指導者が同じ人である場合、日によって違う場合があります。各自の施設で個別に確認してください。

Q13 病気などで予定どおりに介護等体験に参加できなくなった時は、どうすればいいですか。

A 　まず、速やかに施設の職員へ連絡をしてください。そしてその指示に従ってください。それから、自分の所属する大学等の担当教職員へも報告してください。それにより、施設と大学等との間で、補充の介護等体験のスケジュール設定などについて協議が行われるなど、必要な対応がとられます。

Q14 施設の職員に話しかけるタイミングはいつがよいですか。

A 　各施設によって事情が異なります。事前の、または介護等体験に入った事後のオリエンテーションの時に、疑問や質問等が生じた時の相談や指導についてどのように対応すればいいか、しっかり話をしておくことが必要です。

　実際に現場に入ると、忙しそうに立ち働いているスタッフを見て、声かけのタイミングがとれず、困っている学生が多いようです。現場では、どうすればよいかわからず、疑問をもったまま不安そうにしていたり、勝手な判断をされることがいちばん困りますので、事前に取り決めをしておくと、職員に声をかけやすくなるでしょう。

　また、事前の話し合いがあっても、日々の諸場面では声をかけづらい時も想像されるところですが、そのような場合でも、勇気をもって聞いてください。そのほうが、効果的な介護等体験につながりますし、なにより利用者とのトラブルが回避できます。

Q15 施設での出来事をよそで話してもよいのですか。

A 　大事なことは利用者のプライバシーと個人情報を十分に保護することです。利用者のプライバシーを侵すようなことや個人情報は絶対に口外してはいけません。もし、レポート等を書くためにどうしても必要なことであれば、匿名にして記述するなどその内容にかかわる個人が特定されないような配慮が必要です。なお、そのような個人のプライバシーにかかわることでなくても、個人情報保護法に鑑みて、施設内部の状況について、大げさに口外することや、インターネット上（ＳＮＳ等）に掲載することなどは慎みましょう。

Q16 服装などについて気をつけることはありますか。

A　服装については、施設によって制服など一定の服装が決められている場合がありますので、あらかじめ施設に尋ねて対応するほうがよいでしょう。

　一般的には、活動的で汚れても構わない、洗濯しやすい服装が必要です。

　また指輪などの装飾品は、利用者を傷つける恐れがありますので、介護等体験時にははずすこと。長い髪は束ねて、行動しやすくすること。履物は、事故を防止するためにスリッパやサンダルは避け、かかとの安定したものを履くことが大切です。名札の着用が望ましいのですが、材質によっては利用者を傷つける恐れがありますので、施設の指示に従ってください。

Q17 先輩から聞いたのですが、利用者が自分にお金をくれると言って対応に困ったということがあったそうです。そのような時はどうすればいいですか。

A　職員と利用者との間で物やお金の授受が行われることが許されないのは、言うまでもありません。ただ、利用者のなかには知的な障害があって、そのことを理解できないこともありますし、まったくの好意や親愛の情から、そういう行動を示す方もいます。利用者の気持ちを温かく受け止めたうえで、ていねいにお断りしてください。それでも、利用者が「どうしても」という場合は、職員に報告して指示を受けてください。職員がきっといい知恵を示してくれます。

Q18 施設で食事はできますか。

A　施設によって異なり、弁当を持参しなければならないところ、職員食堂があるところ、利用者の食事と同じものを実費で利用できるところなど、さまざまです。もし、施設の事情が許せば、利用者と同じ食堂で食べるのもよい経験となるでしょう。

Q19 衛生面での注意事項はありますか。

A　まず、皆さんが外からウイルスなど、各種の病原体を持ち込まないように気をつけて

ください。これらの病原体を持ち込まないためには、現場に入る前の手洗い（手指の消毒）やうがいを励行することが必要です。皆さん自身が感染性の病気にかかっている疑いがある時は、無理せず、介護等体験を見合わせることも必要です。

　また、利用者に感染性の病気にかかっている人がいる場合、皆さんがその「運び役」になってしまって、他の利用者にうつしてしまうことがあるので、気をつける必要があります。「運び役」にならないためには、やはり手洗い（手指の消毒）やうがいの励行やマスクの装着等が求められるでしょう。特に、利用者の排せつ物や嘔吐物の処理をした時は、別の利用者の介護にかかわる前に十分な手洗い（手指の消毒）が必要です。

　これらについても、施設の指示を受けてください。

Q20 **介護施設の職員の皆さんに何かお礼をしたほうがよいでしょうか。**

A　物やお金でのお礼はまったく不要です。それは職員に対してかえって失礼になります。言葉や態度で感謝の気持ちを誠実に表現すれば十分です。例えば、介護等体験が終わったあとに、お礼のはがきや手紙を送ると、職員に喜ばれると思います。

III

資料

義務教育教員志願者に対する介護等体験の義務づけに関する制度の概要

1. 根拠となる法律

小学校及び中学校の教諭の普通免許状授与に係る教育職員免許法の特例等に関する法律（平成9年法律第90号。通称「介護等体験特例法」）

2. 趣旨

義務教育に従事する教員が、個人の尊厳および社会連帯の理念に関する認識を深めることの重要性に鑑み、教員としての資質向上を図り、義務教育の一層の充実を図る観点から、小学校および中学校の教諭の普通免許状取得希望者に、介護等の体験をさせること。

3. 施行時期

平成10（1998）年4月1日施行

4. 制度の対象者

小学校および中学校の教諭の普通免許状を取得しようとする者（特別支援学校の教員免許を受けている人、保健師・看護師・介護福祉士などの介護等に関する専門的知識および技能を有する人は免除）

5. 介護等体験の内容等

　1　介護等体験の実施施設

　　①社会福祉施設（保育所を除く、法令に根拠を有するほとんどすべての社会福祉施設）

　　②老人保健施設

　　③特別支援学校

　　④その他文部科学省令で定める施設

　2　介護等体験の時期および期間

　　18歳に達した後の7日間以上

　3　介護等体験の内容

　　介護、介助のほか、障害者等の話し相手、散歩の付き添い、掃除や洗濯など

　4　教員免許状申請に係る手続き

　　①社会福祉施設は、教員になろうとする者の介護等体験をしたことを証明する書類（介護等体験証明書）を発行

　　②都道府県教育委員会への教員免許状の申請にあたっては、上記の証明書を提出

6. 受け入れ調整窓口

都道府県ごとに、社会福祉施設については各都道府県社会福祉協議会、都道府県立特別支援学校については各都道府県教育委員会が行う。学生は所属する学校に介護等体験希望の申し込みをし、学校を通じて受け入れ施設、受け入れ期日の連絡を受ける。

介護等体験事業の流れ

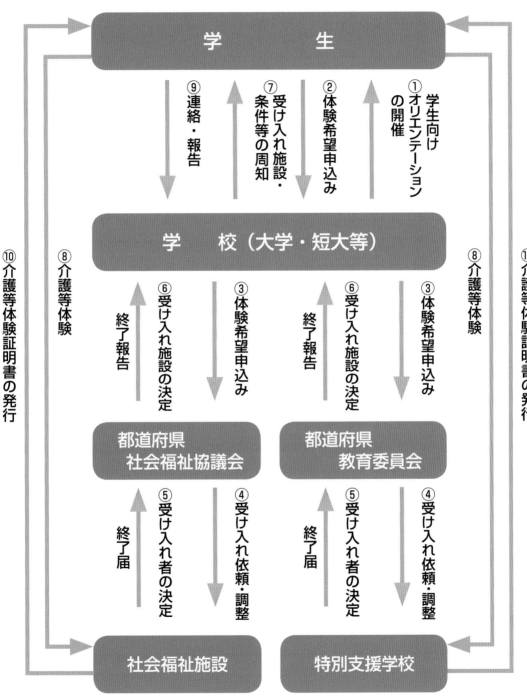

※「介護等体験証明書」は、教員免許状授与申請の際に提出することが必要になるので、紛失しないように注意すること。

社会福祉施設で働く人々（さまざまな職種を簡潔に説明します）

施　設　長	施設を運営・管理する責任者。特定の資格をもつ義務はありませんが、福祉施設における勤務経験が不可欠で、施設長研修などの受講も必要です。
生活相談員、生活支援員	入所者に対し入退所の手続きの支援や日常生活上の相談・指導、レクリエーション等の行事の企画など、入所者の生活向上のために活動します。
保　育　士	児童福祉法に基づく資格で、乳幼児の保育業務に携わります。保育所以外でも、乳児院や児童養護施設などで必要な職種です。
介護職員	食事や入浴、排せつ等の手助けなど、入所者の身の回りの世話を行います。介護福祉士の有資格者も多くいます。
医　　師	医師法に基づく資格で、医療業務に携わります。
看　護　師	保健師助産師看護師法に基づく資格で、医師の診療の補助や療養介護の業務に携わります。介護保険の訪問看護の従事者としても重要です。
理学療法士	理学療法士及び作業療法士法に基づく資格で、障害のある人々に対して、運動療法等によるリハビリテーションを行います。PTと略称されます。
作業療法士	理学療法士及び作業療法士法に基づく資格で、障害のある人々に対して、日常生活上の動作、手芸等によるリハビリテーションを行います。OTと略称されます。
栄　養　士	栄養士法に基づく資格で、入所者等の食事の献立作成や栄養指導を行います。
調　理　師	調理師法に基づく資格で、施設の食事の調理を行います。
社会福祉士	社会福祉士及び介護福祉士法に基づく資格で、さまざまな福祉相談に応じ、助言、指導その他の援助を行うことを仕事とする福祉の相談援助の専門家です。社会福祉施設では必須の職種とはなっていませんが、施設長や生活指導員等で有資格者がいます。
介護福祉士	社会福祉士及び介護福祉士法に基づく資格で、障害により日常生活を営むうえで支障がある人に対して、心身の状況に応じた介護や、介護に関する指導を行う介護の専門家です。
精神保健福祉士	精神保健福祉法に基づく資格で、精神障害者の社会復帰の相談に応じ、助言、指導、日常生活への適応のための訓練その他の援助を行う専門家です。
ケアマネジャー	介護保険施設では必須の職種で、入所者の介護サービス計画（ケアプラン）を作成します。介護保険制度により新たに生まれた職種で、正式には介護支援専門員といいます。

介護等体験を行うことができる施設一覧

老人福祉法
- 老人デイサービスセンター
- 老人短期入所施設
- 養護老人ホーム
- 特別養護老人ホーム
- 軽費老人ホーム
- 老人福祉センター
- 有料老人ホーム
- 老人居宅生活支援事業（老人デイサービス事業、老人短期入所事業、小規模多機能型居宅介護事業、認知症対応型老人共同生活援助事業）を行う施設

介護保険法
- 介護老人保健施設
- 介護医療院
- 居宅サービス（通所リハビリテーション、短期入所療養介護）を行う施設
- 地域密着型サービス（複合型サービス）を行う施設

児童福祉法
- 乳児院
- 母子生活支援施設
- 児童養護施設
- 障害児入所施設
- 児童発達支援センター
- 児童心理治療施設
- 児童自立支援施設
- 障害児通所支援（児童発達支援、医療型児童発達支援、放課後等デイサービス）を行う施設

障害者の日常生活及び社会生活を総合的に支援するための法律
- 障害者支援施設
- 地域活動支援センター
- 福祉ホーム
- 障害福祉サービス（療養介護、生活介護、短期入所、重度障害者等包括支援、自立訓練、就労移行支援、就労継続支援）を行う施設

身体障害者福祉法
- 身体障害者福祉センター
- 身体障害者生活訓練等事業を行う施設

社会福祉法
- 授産施設

生活保護法
- 救護施設
- 更生施設
- 授産施設

独立行政法人国立重度知的障害者総合施設のぞみの園法
- 独立行政法人国立重度知的障害者総合施設のぞみの園が設置する施設

原子爆弾被爆者に対する援護に関する法律
- 居宅生活支援事業を行う施設
- 養護事業を行う施設

ハンセン病問題の解決の促進に関する法律
- 国立ハンセン病療養所等

学校教育法
- 特別支援学校

学校教育法施行規則
- 特別支援学級を設置する学校
- 通級による指導を行う学校
- 療養等による長期欠席生徒等のための特別の教育課程を編成する学校
- 小中の日本語に通じない児童生徒に対する特別の教育課程を編成する学校
- 小中高の不登校児童生徒のための特別の教育課程を編成する学校

義務教育の段階における普通教育に相当する教育の機会の確保等に関する法律
- 不登校児童生徒の学習活動に対する支援する公立の教育施設

文部科学省令「小学校及び中学校の教諭の普通免許状授与に係る教育職員免許法の特例等に関する法律施行規則の一部を改正する省令」（令和3年4月13日文部科学省令第24号）をもとに作成

主な介護等体験受け入れ施設の概要

	施設名	根拠法令	概　　要
児童福祉施設	乳児院	児童福祉法第37条	乳児を入院させて養育し、あわせて退院した者に対する相談その他の援助を行う。
	母子生活支援施設	児童福祉法第38条	配偶者のない女子またはこれに準ずる事情にある女子およびその者の監護すべき児童を入所させて、これらの者を保護するとともに、これらの者の自立の促進のためにその生活を支援し、あわせて退所した者に対する相談その他の援助を行う。
	児童養護施設	児童福祉法第41条	保護者のない児童、虐待されている児童、その他環境上養護を要する児童を入所させて、これを養護し、あわせて退所した者に対する相談その他の自立のための援助を行う。
	障害児入所施設	児童福祉法第42条	次の各号に掲げる区分に応じ、障害児を入所させて、当該各号に定める支援を行う。 (1)福祉型障害児入所施設：保護、日常生活の指導および独立自活に必要な知識技能の付与 (2)医療型障害児入所施設：保護、日常生活の指導、独立自活に必要な知識技能の付与および治療
	児童発達支援センター	児童福祉法第43条	地域の障害児の健全な発達において中核的な役割を担う機関として、障害児を日々保護者の下から通わせて、高度の専門的な知識および技術を必要とする児童発達支援を提供し、あわせて障害児の家族、指定障害児通所支援事業者その他の関係者に対する、相談、専門的な助言その他の必要な援助を行う。
	児童心理治療施設	児童福祉法第43条の2	家庭環境、学校における交友関係その他の環境上の理由により社会生活への適応が困難となった児童を、短期間、入所させ、または保護者の下から通わせて、社会生活に適応するために必要な心理に関する治療および生活指導を主として行い、あわせて退所した者に対する相談その他の援助を行う。
	児童自立支援施設	児童福祉法第44条	不良行為をなし、またはなすおそれのある児童および家庭環境その他の環境上の理由により生活指導等を要する児童を入所させ、または保護者の下から通わせて、個々の児童の状況に応じて必要な指導を行い、その自立を支援し、あわせて退所した者に対する相談その他の援助を行う。

	施設名	根拠法令	概要
保護施設	救護施設	生活保護法 第38条第2項	身体上または精神上著しい障害があるために日常生活を営むことが困難な要保護者を入所させて、生活扶助を行う。
	更生施設	生活保護法 第38条第3項	身体上または精神上の理由により養護および生活指導を必要とする要保護者を入所させて、生活扶助を行う。
	授産施設	生活保護法 第38条第5項	身体上もしくは精神上の理由または世帯の事情により就業能力の限られている要保護者に対する就労または技能の修得のために必要な機会および便宜を与えて、その自立を助長する。
老人福祉施設等	老人デイサービスセンター	老人福祉法 第20条の2の2	在宅の高齢者に日帰り（通所）の方式で、機能訓練（日常動作訓練）、健康チェック、入浴、食事、レクリエーションなどのサービスを提供する。
	老人短期入所施設	老人福祉法 第20条の3	介護者の疾病その他の理由により、居宅において介護を受けることが一時的に困難となった高齢者を、短期間入所させ養護する。
	養護老人ホーム	老人福祉法 第20条の4	心身の理由または環境上の理由に加え、経済的な理由により居宅での養護が困難な者を入所させて養護する。
	特別養護老人ホーム	老人福祉法 第20条の5	心身に著しい障害があるために常時の介護を必要とし、かつ、居宅ではこれを受けることが困難な者を入所させて養護する。
	介護老人保健施設	介護保険法 第8条第28項	要介護者に対し、施設サービス計画に基づき、可能な限り、居宅における生活への復帰を念頭において、入浴、排せつ、食事等の介護、相談および援助、多少のリハビリや医療等を通して機能訓練、健康管理等を行い、入所者がその有する能力に応じ自立した日常生活を営むことができるようにする。
障害福祉施設	障害者支援施設	障害者 総合支援法 第5条第11項	障害者につき、主に夜間は入浴、排せつおよび食事等の介護、生活等に関する相談および助言、その他の必要な日常生活上の支援を行うとともに、日中は施設障害福祉サービスを提供する。
	地域活動支援センター	障害者 総合支援法 第5条第27項	障害者等を通わせ、創作的活動または生産活動の機会の提供、社会との交流の促進等を供与し、日中の活動をサポートする。

都道府県・指定都市社会福祉協議会一覧

都道府県 指定都市	郵便番号	所在地	電話（代表）	FAX
北海道	060-0002	札幌市中央区北2条西7-1　かでる2・7内	011-241-3976	011-251-3971
青森県	030-0822	青森市中央3-20-30　県民福祉プラザ内	017-723-1391	017-723-1394
岩手県	020-0831	盛岡市三本柳8地割1-3　ふれあいランド岩手内	019-637-4466	019-637-4255
宮城県	980-0011	仙台市青葉区上杉1-2-3　宮城県自治会館内	022-225-8476	022-268-5139
秋田県	010-0922	秋田市旭北栄町1-5　秋田県社会福祉会館内	018-864-2711	018-864-2702
山形県	990-0021	山形市小白川町2-3-31　山形県総合社会福祉センター内	023-622-5805	023-622-5866
福島県	960-8141	福島市渡利字七社宮111　福島県総合社会福祉センター内	024-523-1251	024-523-4477
茨城県	310-8586	水戸市千波町1918　セキショウ・ウェルビーイング福祉会館内	029-241-1133	029-241-1434
栃木県	320-8508	宇都宮市若草1-10-6　とちぎ福祉プラザ内	028-622-0524	028-621-5298
群馬県	371-8525	前橋市新前橋町13-12　群馬社会福祉総合センター内	027-255-6033	027-255-6173
埼玉県	330-8529	さいたま市浦和区針ヶ谷4-2-65　彩の国すこやかプラザ内	048-822-1191	048-822-3078
千葉県	260-8508	千葉市中央区千葉港4-5　千葉県社会福祉センター内	043-245-1101	043-244-5201
東京都	162-8953	新宿区神楽河岸1-1　セントラルプラザ内	03-3268-7171	03-3268-7433
神奈川県	221-0825	横浜市神奈川区反町3-17-2　神奈川県社会福祉センター内	045-534-3791	045-312-6302
新潟県	950-8575	新潟市中央区上所2-2-2　新潟ユニゾンプラザ3F	025-281-5520	025-281-5528
富山県	930-0094	富山市安住町5-21　富山県総合福祉会館内	076-432-2958	076-432-6146
石川県	920-8557	金沢市本多町3-1-10　石川県社会福祉会館内	076-224-1212	076-222-8900
福井県	910-8516	福井市光陽2-3-22　福井県社会福祉センター内	0776-24-2339	0776-24-8941
山梨県	400-0005	甲府市北新1-2-12　山梨県福祉プラザ4F	055-254-8610	055-254-8614
長野県	380-0936	長野市中御所岡田98-1　長野保健福祉事務所庁舎1F	026-228-4244	026-228-0130
岐阜県	500-8385	岐阜市下奈良2-2-1　岐阜県福祉・農業会館内	058-201-1545	058-275-4858
静岡県	420-8670	静岡市葵区駿府町1-70　静岡県総合社会福祉会館シズウエル内	054-254-5248	054-251-7508
愛知県	461-0011	名古屋市東区白壁1-50　愛知県社会福祉会館内	052-212-5500	052-212-5501
三重県	514-8552	津市桜橋2-131　三重県社会福祉会館内	059-227-5145	059-227-6618
滋賀県	525-0072	草津市笠山7-8-138　滋賀県立長寿社会福祉センター内	077-567-3920	077-567-3923
京都府	604-0874	京都市中京区竹屋町通烏丸東入る清水町375　京都府立総合社会福祉会館5F	075-252-6291	075-252-6310
大阪府	542-0065	大阪市中央区中寺1-1-54　大阪社会福祉指導センター内	06-6762-9471	06-6764-5374
兵庫県	651-0062	神戸市中央区坂口通2-1-1　兵庫県福祉センター内	078-242-4633	078-242-4153
奈良県	634-0061	橿原市大久保町320-11　奈良県社会福祉総合センター内	0744-29-0100	0744-29-0101
和歌山県	640-8545	和歌山市手平2-1-2　県民交流プラザ和歌山ビッグ愛内	073-435-5222	073-435-5226
鳥取県	689-0201	鳥取市伏野1729-5　県立福祉人材研修センター内	0857-59-6331	0857-59-6340
島根県	690-0011	松江市東津田町1741-3　いきいきプラザ島根内	0852-32-5970	0852-32-5973
岡山県	700-0807	岡山市北区南方2-13-1　岡山県総合福祉・ボランティア・NPO会館内	086-226-2822	086-227-3566
広島県	732-0816	広島市南区比治山本町12-2　広島県社会福祉会館内	082-254-3411	082-252-2133

都道府県 指定都市	郵便番号	所在地	電話（代表）	FAX
山口県	753-0072	山口市大手町9-6　ゆ〜あいプラザ山口県社会福祉会館内	083-924-2777	083-924-2792
徳島県	770-0943	徳島市中昭和町1-2　徳島県立総合福祉センター内	088-654-4461	088-654-9250
香川県	760-0017	高松市番町1-10-35　香川県社会福祉総合センター内	087-861-0545	087-861-2664
愛媛県	790-8553	松山市持田町3-8-15　愛媛県総合社会福祉会館内	089-921-8344	089-921-8939
高知県	780-8567	高知市朝倉戊375-1　高知県立ふくし交流プラザ内	088-844-9007	088-844-3852
福岡県	816-0804	春日市原町3-1-7　福岡県総合福祉センター内	092-584-3377	092-584-3369
佐賀県	840-0815	佐賀市天神1-4-15　佐賀県社会福祉会館内	0952-23-2145	0952-25-2980
長崎県	852-8555	長崎市茂里町3-24　長崎県総合福祉センター内	095-846-8600	095-844-5948
熊本県	860-0842	熊本市中央区南千反畑町3-7　熊本県総合福祉センター内	096-324-5454	096-355-5440
大分県	870-0907	大分市大津町2-1-41　大分県総合社会福祉会館内	097-558-0300	097-558-1635
宮崎県	880-8515	宮崎市原町2-22　宮崎県福祉総合センター内	0985-22-3145	0985-27-9003
鹿児島県	890-8517	鹿児島市鴨池新町1-7　鹿児島県社会福祉センター内	099-257-3855	099-251-6779
沖縄県	903-8603	那覇市首里石嶺町4-373-1　沖縄県総合福祉センター内	098-887-2000	098-887-2024
札幌市	060-0042	札幌市中央区大通西19-1-1　札幌市社会福祉総合センター内	011-614-3345	011-614-1109
仙台市	980-0022	仙台市青葉区五橋2-12-2　仙台市福祉プラザ内	022-223-2010	022-262-1948
さいたま市	330-0061	さいたま市浦和区常盤9-30-22　浦和ふれあい館内	048-835-3111	048-835-1222
千葉市	260-0844	千葉市中央区千葉寺町1208-2　千葉市ハーモニープラザ内	043-209-8884	043-312-2442
横浜市	231-8482	横浜市中区桜木町1-1　横浜市健康福祉総合センター内	045-201-2096	045-201-8385
川崎市	211-0053	川崎市中原区上小田中6-22-5　川崎市総合福祉センター内	044-739-8710	044-739-8737
相模原市	252-0236	相模原市中央区富士見6-1-20　あじさい会館内	042-730-3888	042-759-4382
新潟市	950-0909	新潟市中央区八千代1-3-1　新潟市総合福祉会館3F	025-243-4366	025-243-4376
静岡市	420-0854	静岡市葵区城内町1-1　静岡市中央福祉センター内	054-254-5213	054-252-2420
浜松市	432-8035	浜松市中区成子町140-8　浜松市福祉交流センター内	053-401-5294	053-452-3133
名古屋市	462-8558	名古屋市北区清水4-17-1　名古屋市総合社会福祉会館内	052-911-3192	052-913-8553
京都市	600-8127	京都市下京区西木屋町通上ノ口上ル梅湊町83-1　ひと・まち交流館京都内	075-354-8731	075-354-8736
大阪市	543-0021	大阪市天王寺区東高津町12-10　大阪市立社会福祉センター内	06-6765-5601	06-6765-5605
堺市	590-0078	堺市堺区南瓦町2-1　堺市総合福祉会館内	072-232-5420	072-221-7409
神戸市	651-0086	神戸市中央区磯上通3-1-32　こうべ市民福祉交流センター内	078-271-5314	078-271-5366
岡山市	700-8546	岡山市北区鹿田町1-1-1	086-225-4051	086-222-8621
広島市	730-0822	広島市南区松原町5-1　広島市総合福祉センター内	082-264-6400	082-264-6437
北九州市	804-0067	北九州市戸畑区汐井町1-6　ウェルとばた内	093-882-4401	093-882-3579
福岡市	810-0062	福岡市中央区荒戸3-3-39　福岡市市民福祉プラザ内	092-751-1121	092-751-1509
熊本市	860-0004	熊本市中央区新町2-4-27　熊本市健康センター新町分室3F	096-322-2331	096-359-1800

執筆者一覧

代表　増田雅暢　東京通信大学名誉教授

柿本貴之　社会福祉法人暘谷福祉会理事長

平田　浩　社会福祉法人慈愛会　児童養護施設清心慈愛園副園長

宮里祐史　社会福祉法人和順会　障害者支援施設和順寮施設長

守家敬子　社会福祉法人萬象園理事長

（敬称略・順不同）

写真は全国の社会福祉施設に撮影のご協力をいただいております 。

「福祉現場で働く人を紹介!」は本会が刊行する『月刊福祉』に掲載された記事をもとに再編しています。

第6版　よくわかる社会福祉施設—教員免許志願者のためのガイドブック

2009年 3 月 9 日　初版第 1 刷発行
2011年 2 月 3 日　第 2 版第 1 刷発行
2013年 2 月25日　第 3 版第 1 刷発行
2014年 5 月26日　第 3 版第 3 刷発行
2015年 3 月31日　第 4 版第 1 刷発行
2016年 3 月28日　第 4 版第 2 刷発行
2018年 5 月31日　第 5 版第 1 刷発行
2023年 4 月24日　第 5 版第 3 刷発行
2024年 6 月28日　第 6 版第 1 刷発行

定　価　770円（本体700円＋税10％）
発行者　笹尾　勝
発行所　社会福祉法人 全国社会福祉協議会
　　　　〒100-8980　東京都千代田区霞が関3-3-2　新霞が関ビル
　　　　TEL（03）3581-9511　振替00160-5-38440
印刷所　日経印刷株式会社

禁複製
ISBN　978-4-7935-1458-6　C2036　￥700E